Eine Nacht im Tarantella

Werner Grassmann

Eine Nacht im
Tarantella

Hamburg in der Nachkriegszeit

Ellert & Richter Verlag

Inhalt

6	Vorwort
8	Ein Pilzsammler im Vormärz
18	Mit der Reichsbahn durch Restdeutschland
28	In der Heimat, in der Heimat, da gibt's ein Wiedersehn!
36	Die Bürokratie begrüßt die Heimkehrer
40	Von der Karriere als Generaldirektor
44	Zum Gemüseklauen in die Vierlande
50	Nachts auf den Kartoffelfeldern
56	Das löcherige soziale Netz und die Frau im Pelzmantel
60	Die Schlange vor 34 Badewannen
64	Flanieren auf dem Jungfernstieg
72	Eine kostbare Reise von Berlin zum Hamburger Hauptbahnhof
80	Kneipen, Theater, Kino! Alles boomt
90	Ina wird wegen eines geliehenen Schlüpfers gefeuert!
92	Der todbringende Winter 1946/47
96	Ein Kronleuchter stürzt ab – im Dammtorbahnhof
98	Die Rettung: Der Schwarzmarkt, Care-Pakete und die Schulspeisung
104	Endlich, das Berufsleben beginnt – und damit die Arbeitslosigkeit
110	Das königliche Ingenieur-Corps 209
120	Bericht aus der Arbeitswelt und von Anneliese
128	Kino, mal ganz anders
136	Die Moritz-Bar – und was sonst noch so los ist
142	Die Nacht im Tarantella!
156	Die Apfel-Tour mit der Militärpolizei
162	Ärger bei der 209ten
166	Eine Liebe ohne Ende
174	Als Assistent beim Schwarzmarkt-König an der Elbe
180	Ein Sommernachts-Albtraum
188	Epilog
192	Bildnachweis/Impressum

Vorwort

Dies ist ein Geschichtenbuch, kein Geschichtsbuch im Sinne einer Informationsquelle für Historiker. Informationen über die Reichsmarkzeit 1946 bis 1948 findet man in Hunderten von Büchern, aufbewahrt auf langen Regalen. Darin enthalten sind jede Menge Statistiken, Bewertungen und Zeugenaussagen über die damaligen schrecklichen Zustände. Das ist die sogenannte Quellenliteratur. Vom richtigen, kleinen Bürgerleben damals berichten sie kaum etwas.

Dieses Buch dagegen erzählt von Gefühlen, von erfüllter, enttäuschter und überraschender Liebe, von im Alltag errungenen Siegen und erlittenen Niederlagen. Und von den Tricks, in einer schwierigen Zeit zu überleben. Dass man dabei nicht nur staatsbürgerlich korrekt sein konnte, sondern sich auch manchmal mit einem kleinen Augenzwinkern durchmogeln musste, ist wohl für jeden Leser selbstverständlich und auch höchst amüsant.

Also, ich wünsche Ihnen eine unterhaltsame Reise durch eine Zeit, als es noch die Reichsmark gab und keine D-Mark und schon gar keinen Euro.

Wesentliche Beigaben sind die vielen Fotos aus der Zeit, die den Lebenshunger und die Lebenslust der Leute zeigen, die noch einmal davongekommen waren.

Ein Pilzsammler im Vormärz

Die beiden belgischen Wachtposten haben uns nicht entdeckt. Die Nacht und das Walddunkel haben uns verborgen. Langsam dämmert es an diesem Märzmorgen 1946.

An Schlaf ist nicht mehr zu denken. Zu aufgeregt sind wir. Leichter Nebel hängt zwischen den zerschossenen Bäumen. Wir gehen weiter, kommen an einer kleinen Lichtung vorbei, an einer Wiese mit lauter kleinen Tannenbäumchen.

Auf der anderen Seite der Wiese steht ein viereckiger Holzpfahl. Schwarz-gelb-rot ist er angemalt. Ist es der deutsche oder der belgische Grenzpfahl? Auf der anderen Seite des Pfahls soll Deutschland sein? Wirklich?

In den großen und kleinen Romanen der Weltliteratur fallen sich die Protagonisten beim Anblick eines Grenzpfahls in die Arme, schluchzen vor Freude, gedenken der vielen Gefahren der Flucht und haben das Ziel kurz vor Augen: die Heimat!

Und auch für uns ist dieses hehre Ziel nun endlich erreicht: der Grenzpfahl! Damit ist in vielen Romanen dann allerdings oft auch das Ende gekommen, und man kann das Buch zuklappen. Fertig. Bei uns ist das anders. Hier geht's erst richtig los.

Auf diesen letzten Metern unserer Flucht bis zum Grenzpfahl entsteht der erste Streit auf unserer Reise. Henry will langsam und gemütlich, er nennt das unauffällig, über die Wiese schlendern. Wie ein Spaziergänger. Als Pilzsammler sozusagen. Robben, also kriechen, wollen wir lieber nicht, dafür sind die Tannenbäumchen noch zu klein. Henry will deswegen einen harmlosen Pilzsammler im Morgengrauen spielen.

Ich halte das für bescheuert. Ein Pilzsammler schlendert im März langsam durch den Wald? Da wachsen doch noch gar keine Pilze. Das wird den belgischen Grenzern bestimmt eher auffallen als ein Mann, der schnellstmöglich durch die Schonung rennt, auf die rettende Seite zu, also heim ins Deutsche Reich. Dass es dieses Deutsche Reich mit seiner schützenden Grenzpolizei nicht mehr gab, wussten wir ja nicht.

Henry zeigt mir einen Vogel. Aber ich renne los. Er, einen Pilzsammler darstellend, schlendert mir nach.

Wenige Meter hinter dem Grenzpfahl, der frisch angemalt ist, wie ich im Vorbeilaufen sehe, lasse ich mich in einen Blätterhaufen fallen. Knappe zwei Minuten später legt sich Henry gelassen und ausgeruht neben mich ins taunasse Gras. Niemand hat uns gesehen, wie es scheint.

Vor uns, leicht bergan, kann man durch die kleinen Jungtannen die Konturen eines Bauwerkes erkennen, offenbar ein Turm.

Über der Eingangstür klaffen zwei ziemlich große Löcher, die aussehen wie Granateinschläge. Die Tür steht leicht offen, daneben einige Männer, genauer gesagt, drei. Zwei in einer khakibraunen Uniform, wohl Engländer, der dritte mit einer grünen Forstjacke. Den deutschen Förster erkennt man an seinem Jägerhütchen. Freundlich gestikulieren sie miteinander. Mit Arm- und Kopfbewegungen versuchen sie ihre mangelhaften Sprachkenntnisse zu überbrücken.

Wir haben es geschafft. Wirklich? Haben wir es geschafft?

Zumindest bis hierher, kurz vor einen deutschen Wasserturm, wie wir jetzt sehen.

Die drei Männer verabschieden sich. Einer der englischen Soldaten bietet seinem deutschen Freund (Freund?) eine Zigarette an, gibt ihm Feuer, und die beiden Engländer trollen sich.

Der Förster sieht ihnen nach und bläst dann langsam und genussvoll den Zigarettenrauch in die kalte Morgenluft.

Das ist jetzt für uns der entscheidende und richtige Moment, aufzustehen und erwartungsvoll Deutschland zu betreten.

Der Förster sieht uns überrascht an. Henry, in seinem fleckigen, mehrfach geflickten Wehrmachtsmantel, und ich, in einer braunen US-Army-Uniform, machen auf ihn sicher keinen vertrauenerweckenden Eindruck, auch wenn meine Jacke mit kleinen bunten Dienstgrad- und Truppenteil-Abzeichen geschmückt ist.

Diese Maskerade hatten wir uns ausgedacht, um möglichst unbehelligt durch Frankreich zu reisen. In einem gestohlenen Jeep, mit gefälschten Papieren und einem imaginären Dienstauftrag. Der lautete: Ein geflohener deutscher Kriegsgefangener wird unter Bewachung in das nächste Gefangenenlager gebracht.

Zum Glück wurden wir nirgends kontrolliert, auch nicht an den Armee-Tankstellen, wo wir ganz frech aufgetankt hatten.

„Wo kommt ihr denn her?"
„Von da", meint Henry und zeigt auf die Schonung.
Der Mann ist verblüfft, wenn nicht sogar erschrocken.
„Seid ihr wahnsinnig?! Das Minenfeld ist doch erst zum Teil geräumt. Hier ist alles gesperrt. Betreten strengstens verboten! Lebensgefahr!"
Aber Henry ist die Ruhe selbst. Er klopft dem Mann jovial und anbiedernd auf die Schulter und meint, es sei ja alles gut gegangen.
Erst als wir ihm erzählen, dass wir getürmte Kriegsgefangene auf der Heimreise seien, allerdings ohne offizielle Entlassung, nur mit einem selbst gebastelten Entlassungsschein in der Tasche, wird er freundlicher.
Er lädt uns zum Frühstück ein. In zwei notdürftig geflickte Zimmerchen in seinem angeschossenen Wasserturm.

Im Wasserturm

Seine Frau ist über unseren Besuch nicht gerade begeistert. Sie gibt zu bedenken, dass ihr Mann in große Schwierigkeiten käme, wenn die Tommies, so nennt sie die englischen Soldaten, merken, dass er zwei entlaufene Kriegsgefangene beherbergt.
Unter Umständen würde er seine Arbeit als Wasserturmwärter verlieren, was eine Katastrophe wäre, weil sie dann keine Zusatz-Lebensmittelkarten mehr bekämen, immerhin 50 Gramm Fett und 750 Gramm Brot pro Woche, und zwar zusätzlich, also extra.
Auch gäb's dann keine Zigaretten mehr und keine PX.

PX? Was war das?

Na klar. Das waren Luxusartikel aus einer Marketenderei der britischen Armee. In diesen Armee-Depots gab es alles, was es sonst nicht gab: Schokolade, Nescafé, Zigaretten, Tee, Kekse, Trocken-Milch und Trocken-Eier, Whiskey, Kaugummi, Seife und auch Zahnpasta. Eben Luxus. Dies alles gab es aber nur für Engländer und Deutsche mit einem Berechtigungsausweis, der jeden Monat erneuert werden musste. So sollte verhindert werden, dass unberechtigte Deutsche die britische Heeresware in den PX-Shops abholten und auf dem Schwarzmarkt verscheuerten. PX war übrigens der amerikanische Ausdruck. Die Engländer nannten diesen Luxus-Kultur-Dienst NAAFI (Navy, Army and Air Force Institutes).

Der Autor vor dem Aachener Wasserturm in seiner amerikanischen Uniform. Leider hat die nette Wasserturmfrau gleich alle Abzeichen von der Uniform abgetrennt, damit die Wachtposten der amerikanischen Militärpolizei nicht gleich erkennen, dass da ein falscher Vogel an ihnen vorbeifährt.

Aber die Frau hat auch Verständnis für unsere Lage und wird zusehends freundlicher und hilfsbereiter. Sie macht für uns Kaffee, ohne Milch und Zucker versteht sich, aber ordentlich schwarz. Dazu gibt's trockenes englisches Weißbrot. Butter oder Wurst hätten sie leider nicht mehr.

Von unserer Tour von Frankreich nach Aachen erzählen wir wenig. Man muss ja vorsichtig sein. Der biedere Wasserturmwärter könnte ja auch ein Spitzel sein, der uns bei passender Gelegenheit verpfeift. Aber so sieht er eigentlich nicht aus. Trotzdem. Man soll in diesen unübersichtlichen Zeiten niemandem trauen.

Aber von unseren Plänen, von der geplanten Weiterfahrt nach Hamburg und Berlin, erzählen wir schon. Wir haben ja keine Ahnung, wie man sich jetzt in Deutschland benehmen muss, was es gibt und was nicht. Könnte ich mit meiner amerikanischen Pseudo-Uniform anecken? Wo muss man überall einen Ausweis vorzeigen, und was ist mit Geld? Wir haben ja keins.

Die Frau ist praktisch. Sie nimmt sich meine Uniformjacke und trennt kurzerhand alle Abzeichen ab. Das ist eigentlich schade, denn die kleinen bunten Abzeichen machen die Uniform überaus attraktiv – finde ich jedenfalls. Aber auch der Wasserturmbeamte hält es für sehr gefährlich, wie ein bunter, amerikanischer Papagei auf die Straße zu gehen.

Wir legen unsere Barmittel, die zwei Kartons mit den Zigaretten, auf den Tisch.

Mhm.

Da wird die Frau richtig freundlich und schickt ihren Mann los, was Ordentliches zu holen – vom Schwarzmarkt versteht sich. Am Bahnhof soll er sich nach den Zügen erkundigen und vielleicht gleich Fahrkarten kaufen. Die beiden wissen nicht, ob man schon so einfach Fahrkarten kaufen kann oder ob man einen Berechtigungsschein oder den Entlassungsschein vorlegen muss.

Dass man Fahrkarten kaufen konnte, sogar musste, war relativ neu. Bis vor einiger Zeit fuhr man noch ohne. Das Eisenbahnfahren war deshalb einfach. Man fuhr einfach los, fuhr einfach irgendwie mit, allerdings oft auf dem Trittbrett oder im Gang, stundenlang stehend. Wenn man doch einen Sitzplatz ergatterte, war der unter Umständen auf dem Klo.

Aber inzwischen sind die Zeiten etwas normaler, und deswegen muss man jetzt, im März 1946, wieder Fahrkarten vorweisen.

Was ist, wenn am Fahrkartenschalter nach der Reiseerlaubnis gefragt wird? Doch als Heimkehrer aus der Kriegsgefangenschaft braucht man natürlich keine Reiseerlaubnis. Da muss man nur den Entlassungsschein vorlegen, erklärt der Wasserturmmann.

Und? Wie steht es damit?

Unsere Gastgeber vermuten zu Recht, dass wir keinen gültigen Ausweis und natürlich auch keinen Entlassungsschein haben. Und Personalausweise mit Hakenkreuzen aus der Nazi-Zeit sollte man besser nicht mehr vorzeigen, meint er. Polizei- oder Militärstreifen würden einen dann sofort mitnehmen, und sei es auch nur vorsichtshalber. Allerdings hatten die meisten auch gar keinen Ausweis mehr. Sie hatten ihn verloren. Oder er war in der Wohnung liegen geblieben und mit verbrannt, oder es standen Sachen drin, die man besser nicht mehr zeigen sollte.

Ein Pilzsammler im Vormärz

Aus eigener Erfahrung wissen wir, dass einem bei der Gefangennahme die Soldbücher sofort abgenommen werden. Wer jetzt noch ein Soldbuch oder einen Wehrpass besitzt, der ist verdächtig. Wehrpässe sind immer noch ein riskantes Papier, und oft werden die Leute mit Wehrpässen erst einmal festgenommen und zur Untersuchung in ein Lager gesteckt.

Also fragt der Wasserturmmann, wie wir uns die Heimreise ohne Papiere und ohne Geld vorgestellt hätten. Wir müssten ja zum Beispiel über den Rhein. Es gibt zwar inzwischen wieder einige Brücken, über die man auf die andere Seite kommen kann, aber die Übergänge werden scharf bewacht und genau kontrolliert, um Schmuggler, aber vor allem Nazi-Verbrecher zu fangen.

Die gefälschten Entlassungsscheine

Wir bauen auf unsere selbst gebastelten Entlassungsscheine. Allerdings hat sich bei den alliierten Kriegsgefangenenbehörden Anfang des Jahres herumgesprochen, dass die „fucken" Deutschen inzwischen ziemlich gute Fälschungen von Personalpapieren herstellen können und damit einen schwungvollen Handel treiben. Um das zu unterbinden, werden neuerdings die Papiere genau geprüft und die Fälschungen aus dem Verkehr gezogen, einschließlich der Besitzer. Die Papiere landen im Mülleimer und die Besitzer in französischen Kohlebergwerken.

Außerdem setzen die Alliierten der Fälscherei einen Riegel vor, indem sie die üblichen Gummistempel aus dem Verkehr ziehen, denn die sind sehr leicht nachzumachen. Man braucht dafür nur einen dicken alten Gummischlauch und ein Rasiermesser.

Deswegen werden stählerne Stempel eingeführt, um Fälschungen zu verhindern. Das ist aber für die Armee-Bürokratie nicht so einfach. Einen Stahlstempel herzustellen ist so eine Sache. Eine Schlosserei schafft das nicht, dafür braucht man schon eine kleine stahlverarbeitende Industrie. Aber zum Glück hatte die Army

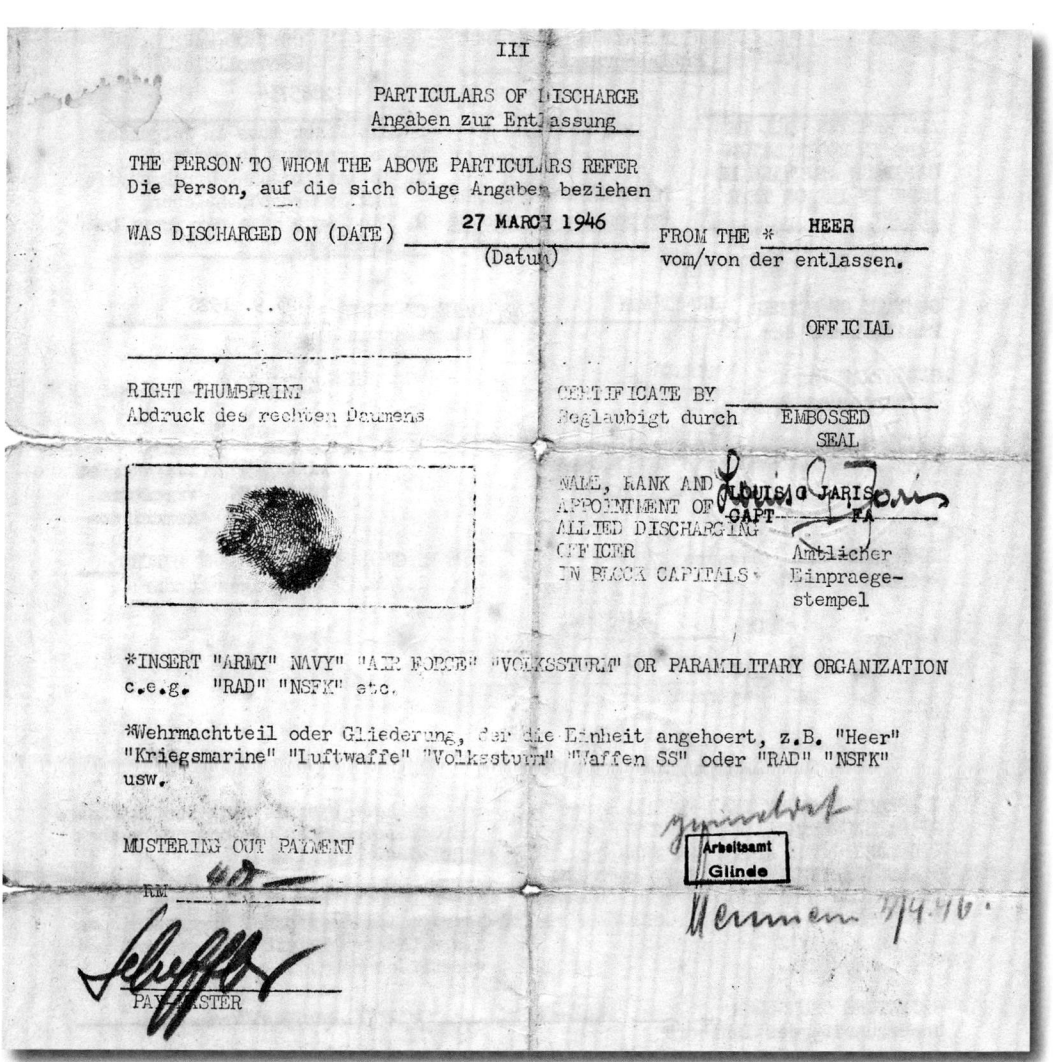

III

PARTICULARS OF DISCHARGE
Angaben zur Entlassung

THE PERSON TO WHOM THE ABOVE PARTICULARS REFER
Die Person, auf die sich obige Angaben beziehen

WAS DISCHARGED ON (DATE)   **27 MARCH 1946**   FROM THE *   HEER
                                (Datum)   vom/von der entlassen.

OFFICIAL

RIGHT THUMBPRINT   CERTIFICATE BY
Abdruck des rechten Daumens   Beglaubigt durch   EMBOSSED
                                         SEAL

NAME, RANK AND
APPOINTMENT OF   LOUIS G. PARISA
ALLIED DISCHARGING   CAPT   FA
OFFICER   Amtlicher
IN BLACK CAPITALS   Einpraege-
                                   stempel

*INSERT "ARMY" NAVY" "AIR FORCE" "VOLKSSTURM" OR PARAMILITARY ORGANIZATION
c.e.g. "RAD" "NSFK" etc.

*Wehrmachtteil oder Gliederung, der die Einheit angehoert, z.B. "Heer"
"Kriegsmarine" "Luftwaffe" "Volkssturm" "Waffen SS" oder "RAD" "NSFK"
usw.

MUSTERING OUT PAYMENT

RM

PAYMASTER

Arbeitsamt
Glinde

einige dieser Stahlwerke bei ihrem Vormarsch erobert, die nun diese Prägestempel produzieren.

Auch die Verwaltungsbürokratie der Gefangenenlager bekommen so einen neuen Stahlstempel, und die Sergeanten, die am Lagertor die Entlassungspapiere ausstellen, hauen zum Abschluss ihrer Schreibarbeit die stählernen Prägestempel mit großer Kraft auf das Entlassungspapier. Wenn man dann das Papier gegen das Licht hält, kann man den Text der Prägung deutlich lesen. Auch ist der Stempel zu fühlen, wenn man ganz zart mit den Finger-

Der gefälschte Entlassungsschein. Nach fast 70 Jahren nur noch schlecht lesbar: OFFICIAL EMBOSSED SEAL. Darüber war der Prägestempel eingeschlagen.

Ein Pilzsammler im Vormärz

spitzen darüberfährt. Damit niemand mit diesen Lagerstempeln Unsinn macht, werden sie in einem Stahlschrank (aus Blech) an der Torwache aufbewahrt und von dem Wachhabenden genau bewacht, denn sie sind wertvoller als Gold oder Zigaretten.

Die Stempel sind deswegen so wichtig, weil die Entlassungsscheine eigentlich nur aus einem Zettel bestehen und nur der Stempel die Echtheit des Papiers garantiert. Ohne Stempel ist der Zettel nur ein Zettel.

Also, gute Fälschungen mit Stempel sind sehr knapp und natürlich auch sehr teuer.

Das alles erfuhr ich auf der Lager-Latrine, wo der Zufall mich auf dem Donnerbalken neben Henry platziert hatte. So gesehen war Henry eigentlich der Motor beziehungsweise der Anlasser für meine Flucht.

Zurück zum Wasserturm bei Aachen. Jetzt kommt endlich unsere Stunde. Total gelassen, mit Arroganz im Gesicht, holen wir unsere Entlassungsscheine hervor. Die beiden staunen, prüfen sie und verstehen nicht, warum wir auf so komplizierte Weise aus der Kriegsgefangenschaft geflohen sind. Denn dass die Entlassungsscheine und der Stempel gefälscht sind, sieht man ihnen ja nicht an.

Der Prägestempel, den ein Unteroffizier aus der Goldschmiedebranche im Lager mit einer Sicherheitsnadel aus einem Stück bleiernem Regenrohr gekratzt hatte, war beispielhaft gelungen und übertraf sicher jedes Original. Das finden auch die Wasserturm-Gastgeber und bewundern unser Kunstwerk, mit dem wir hoffen, die deutsche Nachkriegsbürokratie zu übertölpeln.

Unsere Wirtin sieht uns an, dass wir todmüde sind. Wir sollten mal eine Mütze Schlaf nehmen, meint sie. Mir gibt sie eine dicke Wolldecke und platziert mich auf eine eiserne Liege neben der Tür. Henry bekommt auch eine Decke und wird in einen Lehnsessel gesetzt.

Der Wasserturmmann macht sich auf den Weg. Er hofft, die Zigarettenpakete schnell zu verkaufen und mit dem Geld alles Notwendige zu bekommen.

Ich wache von einem herzhaften Duft auf: deutsche Rühreier mit deutschem Speck gebraten. Auf dem Tisch liegt ein deutsches Graubrot neben zwei Flaschen deutschem Bier. Ein richtiges kleines Willkommensfestmahl haben die beiden Wassertürmler hergerichtet.

Mit der Reichsbahn durch Restdeutschland

Es dämmert schon, als wir uns auf den Weg machen. Es gibt zwar abends keine Ausgangssperre mehr, aber unser Retter will, wenn er uns am Bahnhof abgeliefert hat, rechtzeitig wieder zu Hause sein. Er hat die Eisenbahnfahrkarten ohne Probleme bekommen.

Etwas merkwürdig finden wir die Straßenbahn. Fast die Hälfte der Fenster ist mit Brettern vernagelt. Es gibt auch keine Schaffnerin mehr, sondern wieder Männer als Schaffner. Diese haben zwar Straßenbahneruniformen an, aber es gibt wohl keine passenden Mützen mehr. Der Schaffner trägt ein zerschlissenes altes Wehrmachtskäppi, allerdings ohne Hoheitsadler und Hakenkreuz.

Am Bahnhofsvorplatz steigen wir aus. Im trüben Licht der beiden Straßenlampen kann man den Bahnhofseingang kaum sehen. Unser Wasserturm-Freund führt uns an Schuttbergen vorbei bis auf den Bahnsteig. Dort allerdings herrschen schon wieder friedliche Zustände. In einem kleinen Häuschen steht, wie früher, ein Bahnhofsbeamter, lässt sich die Fahrkarten zeigen, kontrolliert sie, knipst sie mit einer Lochzange und lässt uns dann passieren. Zum Bedanken und Auf-Wiedersehen-Sagen ist keine Zeit und Gelegenheit. Der Strom der Fahrgäste zieht uns sofort mit zu den Waggons. Wir klettern durch die engen Türen und finden sogar noch einen Sitzplatz.

Der Zug fährt nur bis Köln. Bis dahin ist der Andrang der Reisenden nicht groß.

In Köln sagt uns jemand, wir müssten zu Fuß über eine provisorische Rheinbrücke gehen, weil der Hauptbahnhof noch nicht wieder betriebsfähig sei und die Züge auf der anderen Seite in Köln-Dellbrück abführen. Die Eisenbahnbrücke liege noch im Wasser.

Zunächst geht alles nach Plan. Freundlich erklären uns die Leute, wo wir langgehen müssten. Ein Bahnbeamter treibt uns zur Eile an, weil der Nachtzug nach Hamburg schon bald abgehen würde.

Vor uns eine Holzbude, eine Art Kontrollstation, am Anfang eines langen Brettertunnels.

Die Leute drängen mit ihrem Gepäck in den Tunnel. Die meisten haben Säcke, Bündel oder Pappkartons bei sich. Nur wenige Koffer sind zu sehen. Wir kommen relativ zügig zur Kontrolle. Da stehen ein paar englische Soldaten, sehen sich die Reise-Erlaubnisdokumente an und winken die Leute durch.

Dann kommen wir an die Reihe. Wir zeigen unsere wie echt aussehenden Entlassungsscheine vor. Der kontrollierende Tommy stutzt, guckt mich in meiner quasi-amerikanischen Uniform an. Daran hatte ich gar nicht gedacht, dass ich ja aussah wie ein amerikanischer Soldat. Was nun? Will er vielleicht meinen US-Truppenausweis sehen? Trotzdem bleibe ich äußerlich gelassen.

Ich lächele, so lässig wie ich gerade noch kann. Misstrauisch dreht er meinen Entlassungsschein hin und her. Dann nimmt er Henrys Entlassungsschein. Prüft auch ihn. Er wirkt verunsichert, fühlt sich wohl überfordert.

Ich merke, wie es um mich herum stiller wird. Die Leute hören auf zu sprechen, ahnen vielleicht, dass hier gleich etwas passiert. Ich denke, ich muss dem armen kleinen Soldaten irgendwie bei seiner schwierigen Aufgabe, einen deutschen Kriegsgefangenen zu erwischen, etwas helfen. Lächelnd sage ich: „I am a German PoW (= Prisoner of War), dismissed from the United States Army, now on my way home."

Ich bin unsicher, ob er mich versteht. Wieder dreht er meinen Entlassungsschein um, versucht wohl die Rückseite zu lesen, bei dem trüben Licht nicht einfach. Ich glaube, es ist meine pseudo-amerikanische Uniform, die ihn irritiert.

Schließlich reicht er unsere Entlassungsscheine weiter an den wachhabenden Sergeant, der an der Tür der Bretterbude lehnt, und winkt den anderen Reisenden, sie sollen weitergehen.

Auch der Sergeant sieht sich die Papiere genau an, zögert und gibt sie an einen Offizier weiter, der im Hintergrund der Bude an einem Tisch sitzt und geruhsam eine Pfeife raucht. Schmal, elegant, so wie ich mir vorstelle, dass ein englischer Gentleman seine Pfeife hält und raucht. Der Sergeant, ein bulliger, ziemlich unsympathischer Typ, holt uns aus der Schlange heraus und schubst uns in eine Ecke der Holzbude.

Das ist eine Situation, wie man sie nur in einem Albtraum erlebt, aus dem man am besten sofort erwacht, damit man den Schrecken nicht ausleben muss. Mir wird ganz schlecht. Ich fühle, wie mir die Knie weich werden, halte mich an der Fensterbank fest. Und Henry? Der machte ein ziemlich gelangweiltes Gesicht und sieht in der Gegend herum, als würde ihn das alles gar nicht interessieren.

Der Offizier sieht meinen Schein interessiert an, nimmt ihn hoch, hält ihn dicht vor seine Augen, hält ihn gegen die trübe Lampe. Dann nimmt er den Schein wieder herunter und fährt mit seinem Zeigefinger ganz zart über den Prägestempel.

Dann schüttelt er den Kopf. Hat er die Fälschung erkannt?

Ich hole tief Luft, um mich zu beruhigen. Jetzt bloß nicht anfangen zu zittern oder womöglich in Ohnmacht fallen.

Ich mache die Augen zu – und als ich sie wieder aufmache, sehe ich, wie der Offizier den Sergeant heranwinkt, ihm meinen Entlassungsschein zeigt, mit seinen Fingern über unseren Prägestempel fährt und lacht. Der andere lacht auch und schüttelt den Kopf. Warum schüttelt er den Kopf? Über unsere Dreistigkeit, mit so einem miesen Papier auf die Reise zu gehen?

Dann muss ich zu ihm an den Tisch kommen. Ich kann vor Aufregung und Schwäche kaum gehen. Er gibt mir meinen Entlassungsschein zurück, lächelt mir zu, schüttelt den Kopf und schickt uns in die Schlange zurück.

Im Weggehen höre ich noch, wie er sich über die Amis und ihre Prägestempel lustig macht. Welch bürokratischer Aufwand, meint er, für ein paar lausige PoWs.

Carpe diem.

Am Ende des Brettertunnels weht ein kalter Wind vom Rhein herauf. Ich friere. Henry scheint die Kälte nicht zu spüren. Er

Wer in den voll gestopften Waggons keinen Platz mehr bekommt und auch auf den Trittbrettern nichts mehr findet, um sich festzuhalten, klettert auf die Dächer und hockt dort stundenlang, bis ein Platz auf einem Trittbrett oder sogar in einem Waggon frei wird.

wirkt sehr gleichgültig, so als gäbe es Schlimmeres. Er grinst und steckt seinen Entlassungsschein in die Brusttasche, denn er hat unter seinem Mantel immer noch seine alte Luftwaffen-Uniformjacke an.

Eine Holztreppe führt nach oben auf den Bahnsteig. Ein Zug steht abfahrbereit am Gleis. Dampf quillt aus Schläuchen, die alle Waggons verbinden. Offenbar wird der Zug beheizt. Wie schön.

Wir wollen einsteigen, aber das ist nicht möglich. Dichte Menschentrauben hängen an den Türen. Es geht weder vor noch zurück. Die Leute schieben und drängeln, um in die Waggons hineinzukommen. Sie schreien laut, rufen Namen, wedeln mit Tüchern oder Hüten, versuchen sich bemerkbar zu machen, um ihre Gefährten, Kinder, Eltern und Freunde wiederzufinden.

Ich kann mich bis an eine Waggontür vordrängeln. Neben mir versucht eine Frau mit einem kleinen Kind auf dem Arm voranzukommen. Mit einer Hand kann sie schon die Außenklinke der Tür greifen. Mit der anderen hält sie ihr Kind fest. Wir stehen beide nebeneinander auf der obersten Stufe des Trittbretts.

Mit großen Augen sieht mich das Kind an. Es ist vielleicht drei Jahre alt. Langsam streckt es seine Hand nach mir aus, fasst meine Schulter an, will sich an mir festhalten. Es hat wohl Angst, die Mutter würde es verlieren. Ich gebe dem Kind meine Hand, lächele es an. Ich versuche es zumindest, will damit etwas Hoffnung signalisieren: Es wird alles gut, gleich wird alles gut, soll das Lächeln bedeuten. Das Kind sieht mich an, ernst, voller Vertrauen. Wir kommen nicht weiter, obwohl die Tür keinen halben Meter vor uns offen steht. Die Frau sieht mich hilflos an. Sie fängt an zu weinen.

Plötzlich, mitten im grauenvollen Geschiebe und Gedränge, höre ich den scharfen, spitzen Ton einer Trillerpfeife. Eine energische Stimme, wie ich sie von den Unteroffizieren auf den Kasernenhöfen kenne, kommandiert:

„Weg von den Türen. Nicht mehr einsteigen. Wir fahren jetzt ab. Morgen früh gibt's noch 'ne Gelegenheit. Seien Sie vernünftig. Kommen Sie sofort da runter."

Und als ob die Menschenmasse nur auf diesen wohlbekannten Kommandoton gewartet hätte, geht es plötzlich voran. Ich schiebe die Frau an die Tür – und hoch – und hinein in den Wagen. Henry dicht hinter mir.

Wir stehen in dem winzigen Vorraum des Eingangs, neben der offenen Toilettentür. Auch darin stehen Leute, ich zähle vier. Auf dem Klobecken ist Gepäck gestapelt. Eine Frau sitzt auf dem Waschbecken.

Hinter mir knallt die Tür. Jemand hat sie von außen zugeschlagen.

An dem leichten Zittern merke ich, dass der Zug fährt. Sehr langsam gleiten draußen die wenigen Bahnsteiglampen vorbei. Es ist geschafft, wir haben es geschafft, ich habe es geschafft.

Das Ende unserer Reise ist greifbar nahe. Keine 24 Stunden mehr, und ich würde wieder zu Hause sein. Nach über zwei Jahren.

Vor 24 Stunden kauerten wir noch in einem Granattrichter vor der Grenze, in dem uns ein belgischer Zöllner beinahe erwischt hätte. Und noch mal 24 Stunden vorher lagen wir gemütlich und warm auf unserem Strohsack im Gefangenencamp der US-Army, allerdings schlaflos vor Aufregung und etwas Angst.

Der Zug nimmt Fahrt auf, wird schneller, rumpelt über die ausgeleierten und nur behelfsmäßig geflickten Gleise.

Durch das Schütteln der Waggons ergibt sich allmählich mehr und mehr Platz. Man richtet sich ein, stapelt dort noch einen Karton höher, stopft Beutel mit Bettwäsche und Kleidern unter die Bänke und verfrachtet kleine Kinder zum Schlafen in die Gepäcknetze.

Jetzt, wo die Anspannung nachlässt, merke ich, wie müde ich bin. Ich lehne mich gegen ein Fenster und schlafe sofort ein, im Stehen. Diese Schlafstellung wäre mir heute nicht mehr möglich, damals war sie nichts Besonderes. In Russland hatten wir oft, gegen Bäume oder Hauswände gelehnt, lange Stunden im Stehen geschlafen.

Vor einem Jahr, in einem Steinbruch bei Hanau, dem ersten Gefangenenlager, das ich erlebte, standen wir bis zu den Knien im Wasser. Es hatte fürchterlich geregnet und der Steinbruch war wie eine große Schüssel, in die das Regenwasser der ganzen Umgebung lief. Liegen oder wenigstens Sitzen war unmöglich.

Da hatten wir uns, immer zu fünft, wie eine Strohgarbe zusammengestellt, aneinandergelehnt, und so, bis zu den Knien im Wasser, die Nacht einigermaßen schlafend gut überstanden.

Die amerikanischen Soldaten, die damals an der Einfahrt des Steinbruchs hinter einem Wall aus Stacheldraht Wache standen oder oben vom Rand des Steinbruchs auf uns heruntersahen, hatten es kaum besser. Einige saßen auf großen Holzstapeln oder Gartenstühlen und hatten sich Zeltplanen über die Köpfe gezogen. Dort bekamen sie zwar keine nassen Füße, aber schlafen konnten sie nicht besser als wir, und die Nässe kroch ebenso in ihre Uniformen wie in unsere.

Die Schlaftechnik im Stehen habe ich nicht verlernt, ich wache erst auf, als sich ein Mann mit einem großen Bündel an mir vorbeidrängt. „Lüneburg", zischt er mir zu. „Ich muss hier raus."

Tatsächlich. Hinter den dreckverschmierten Fenstern kann ich unklar die Kirchtürme und den Turm der Alten Wasserkunst erkennen.

Ich sehe mich um. Es ist merklich leerer geworden. Offenbar sind viele Fahrgäste unterwegs ausgestiegen.

Obwohl die Sonne scheint, es muss schon Vormittag sein, ist mir entsetzlich kalt. Henry hat in einem Abteil einen Sitzplatz bekommen und schläft dort mit offenem Mund. Ich glaube ihn schnarchen zu hören.

Ich sehe aus dem Fenster. Alles ist ganz normal. Bäume, Wiesen, Häuser, keines davon kaputt. Ich sehe keine Ruinen. Tiefer Frieden, so scheint es. Schön, das alles so zu sehen.

Mit der Reichsbahn durch Restdeutschland

Die Ernte des Krieges zieht am Zugfenster vorbei: Von unserer Stadt sind nur noch die Häusermauern stehen geblieben. Türen, Fußböden, Fenster, Möbel, Kleider, Betten – alles ist verbrannt.

Erst als wir Harburg, eine Station vor Hamburg Hauptbahnhof, erreichen, verflüchtigt sich der schöne Schein. Langsam fährt der Zug an einer Reihe ausgebrannter Personenwaggons vorbei. Neben dem Bahndamm ist fast jedes Haus beschädigt. Viele Fenster sind mit großen Pappen oder Brettern vernagelt. Einige haben kein Dach mehr.

Der Bahnsteig des Harburger Bahnhofs ist voller Menschen. Sie wollen alle nach Hamburg, denn die S-Bahn fährt heute mal wieder nicht, sagen sie, als sie sich in unseren Wagen drängen.

Der Zug fährt weiter nach Hamburg, langsam, durch Wilhelmsburg, an leeren Rangierbahnhöfen vorbei, über die Elbbrücken, die den Krieg heil überstanden haben. Dann hält der Zug an Bahnsteig vier. Es hat sich wenig verändert, seit ich im Februar 1944 von hier nach Osten abgefahren bin. Auch damals war der Bahnhof schon ausgebrannt, und das Glasdach hatte große Löcher.

Es dauert lange, bis die Menschen mit ihrem vielen Gepäck, mit Kartons und Bündeln, schließlich auf dem Bahnsteig stehen. Bei Henry und mir geht es schneller. Wir haben ja kein Gepäck.

Ich fühle mich heimisch und laufe sofort zum Bahnsteig zwei, wo die Züge nach Bergedorf und Aumühle abfahren, einem Vorort von Hamburg, wo meine Eltern jetzt nach der Ausbombung wohnen beziehungsweise hausen.

Der Dampfzug schnauft mühselig, wie mir scheint, durch die Trümmerfelder am Berliner Tor und durch das Industrieviertel Tiefstack, wo eigentlich nichts mehr von der Industrie stehen geblieben ist. Erst hinter Bergedorf, 20 Kilometer außerhalb von Hamburg, wird die Umgebung wieder normal. Der Sachsenwald, einer der schönsten und größten Wälder hier im Norden, ist zwar ohne Blätter, aber an vielen Büschen und Hecken ist schon ein zarter grüner Hauch zu sehen. Ich mache das Fenster auf, um die frische Waldluft tief einatmen zu können.

„Mach das Fenster zu", blökt Henry, „es ist kalt. Willst du dir jetzt noch eine Lungenentzündung holen?"

In der Heimat, in der Heimat,
da gibt's ein Wiedersehn!

Der kleine Bahnhof in Aumühle hat sich im Krieg nicht verändert. In seinem kleinen Holzhäuschen steht noch immer der Bahnbeamte Herr Grewe und kontrolliert die Fahrkarten. Reisende aus Hamburg müssen ihre Fahrkarten abgeben. Herr Grewe sieht sofort, wenn die Fahrkarte nicht in Ordnung ist. Dann muss man neben dem Kontrollhäuschen stehen bleiben, bis der letzte Fahrgast durchgegangen ist. Später, im Bahnhofsbüro, kassiert dann Herr Grewe die Nachzahlung, manchmal bis zu 40 Pfennig. Herr Grewe stutzt, als er unsere Fahrkarten sieht. Aus Aachen kommt hier wohl selten einer an. Er sieht mich an. Meine Uniform irritiert ihn offensichtlich. Immerhin ein amerikanischer Soldat mit einer deutschen Fahrkarte, so scheint es.

Es dauert lange, sicher fünf Sekunden oder mehr. Dann erkennt er mich, sieht mich fragend an: „Herr Grassmann?"

Ich nicke. „Ich komme aus der Gefangenschaft und will nach Hause."

Herr Grewe sagt nichts, kann wohl nichts sagen. Schließlich fasst er sich und murmelt: „Da wird sich Ihre Mutter aber freuen." Er sieht sich unsere Fahrkarten noch einen Augenblick ungläubig an. Dann wirft er sie in einen kleinen Eimer unter seinem Stehpult.

Er hat das alles noch nicht begriffen. Es ist auch zu ungewöhnlich. Jemand kommt mit einer ordentlich bezahlten Fahrkarte aus dem Krieg zurück. Einfach so. Aus dem Krieg. Von wo viele ja nicht zurückgekommen sind. Jetzt, und mit einem Jahr Verspätung. Aus dem Krieg. Unglaublich.

Der Weg durch den Ort ist wie immer. Kein Haus kaputt, die Leute sind normal angezogen, in einem Garten blühen ein paar gelbe Narzissen. Es ist kurz vor Ostern.

Dann stehen wir vor unserem Grundstück. Ein paar alte, dicke Bäume versperren den Blick auf das Haus.

Wir hatten verabredet, dass Henry zuerst alleine gehen sollte. Er käme aus der Kriegsgefangenschaft, sollte er sagen, und würde ganz schöne Grüße von dem Sohn bringen. Und es ginge ihm gut, und so weiter, und so weiter.

In der Heimat, in der Heimat, da gibt's ein Wiedersehn!

Mit diesem Manöver wollte ich meine Mutter vorbereiten. Sie sollte auf keinen Fall erschreckt werden, keinen Schock kriegen oder womöglich in Ohnmacht fallen. Henry sollte sie einstimmen auf das große Ereignis. Der verlorene Sohn kommt zurück. Ein bewegendes Thema, von dem auch schon in der Bibel Gebrauch gemacht wurde.

Aber es kommt alles ganz anders. Schon nach den ersten gestotterten Worten schiebt sie Henry beiseite und läuft auf dem schmalen Gartenweg bis auf die Straße, mir direkt in die Arme. Tja, das war ein schöner Augenblick. Ich kann ihn nicht beschreiben. Rosamunde Pilcher oder Utta Danella können das vielleicht besser. Also lass ich es lieber.

Angekommen

Frühstückszeit ist längst vorbei. Trotzdem lässt sich die Mutter nicht die Freude nehmen, für ihren Sohn und seinen Kriegskameraden einen Tee zu kochen. Der Kaffee schmecke wie Abwaschwasser, meint sie, und es gebe auch keine Milch, um den Geschmack etwas zu verbessern. Das bisschen Milch, einen halben Liter für zwei Tage, müsse der kleine vierjährige Justus bekommen und vor allen Dingen der Vater, der mit einem schlimmen Magengeschwür im Zimmer auf dem Sofa liegt.
Ich sage meinem Vater guten Tag. Er kann sich kaum aufrichten, so schwach ist er. Der Arzt hat Schonkost verordnet. Aber was ist Schonkost in einem Land, in dem es kaum richtige Kost gibt?

Das Brot ist schwer und glitschig, besteht wohl hauptsächlich aus Kartoffeln, wenig Getreideschrot und viel Wasser. Zum Draufschmieren gibt es weder Butter noch Margarine oder Schmalz. Nur „Brotaufstrich", eine bräunliche, matschige Pampe, die etwas nach Salz schmeckt und sonst nach nichts.
Den alten Dorfarzt Gondesen gibt es nicht mehr. Seine Tochter hat die Praxis übernommen. Sie ist zwar noch keine Ärztin, aber

schon im letzten Medizin-Semester. Seit einem Jahr, seit der Krieg zu Ende ist, praktiziert sie und behandelt das väterliche Magengeschwür. Mit Erfolg, meint mein Vater sarkastisch, denn er lebe ja immer noch, trotz aller Kräutertees und Pillen, die irgendwelche Freunde in irgendwelchen Krankenhäusern oder Lazaretten organisiert haben.

Ich bin erschrocken, als ich den einst stattlichen Mann sehe, der mit uns Jungen an Wochenenden oder in den Ferien tagelange Wanderungen gemacht hatte. Jetzt liegt er auf einem maroden Sofa. Er ist schrecklich abgemagert. Die Augen sind tief in den Schädel gesunken, die Wangen eingefallen, die Hände nur noch dünne Knochen. Die Haare sind ihm fast ausgefallen, in ihrer Dünnheit aber sorgfältig gekämmt, was den Schädel wie einen Totenkopf aussehen lässt.

Zur Begrüßung gibt er mir ein Lächeln, das auf mich wie eine Grimasse wirkt.

Er freut sich wie wohl schon lange nicht mehr, drückt mir die Hände und will mir auch über den Kopf streichen, was er aber nicht schafft. Er ist zu schwach.

Es gibt nur wenige Heimkehrer, meint die Mutter. Viele sind tot oder liegen mit schweren Verletzungen, oft Amputationen, in den Lazaretten. Einige natürlich noch in Gefangenschaft, die meisten von ihnen in Russland. Aber auch für alle, die schon zu Hause sind, ist das Leben sehr schwer. Es gibt wenig zu essen. Fast alle hungern. Das sieht man ihnen auch an.

Normalerweise werden Kartoffeln gegessen, das heißt Pellkartoffeln. Beim Schälen geht zu viel Kartoffel verloren. Deswegen kocht man sie mit der Schale und pellt sie erst, wenn sie auf dem Teller liegen. Beim Pellen hat man nur mit der hauchdünnen Schale zu tun. Ernährungsfachleute beziffern den Verlust, der beim Schälen der Kartoffeln entsteht, auf etwa 15 Prozent.

Mit Fleisch ist nix, höchstens mal am Sonntag. Die Zuteilung ist 125 Gramm pro Woche und pro Person, Wurst eingerechnet. Mit Fett, egal welchem Fett, ist es so ähnlich: 62,5 Gramm pro Woche.

In der Heimat, in der Heimat, da gibt's ein Wiedersehn!

Die Scheibe Brot, die es zum Frühstück und manchmal auch zum Abend gibt, wird mit Rübensirup gesüßt. Auch Pfefferminztee oder der Muckefuck-Kaffee schmecken besser, wenn er mit einem Teelöffel Rübensirup veredelt wird.

Das ist ziemlich ernüchternd, was mir da meine liebe Mutti erzählt. Trotzdem bin ich froh, wieder zu Hause zu sein, und habe keine Sehnsucht nach den amerikanischen Fleischtöpfen in Frankreich.

Unser Zuhause

Meine Mutter hatte noch während des Krieges gegen den Widerstand von Nazi-Partei und Nazi-Bürokratie mit primitiven Mitteln und mit der Hilfe von vier russischen Kriegsgefangenen ein kleines Behelfsheim gebaut. Das Haus hat nur eine Grundfläche von sechs mal acht Metern, ist also nicht größer als ein heutiges Wohnzimmer.

In der linken Ecke des Hauses ist die Küche. Gleich unter dem Fenster steht der Kohleherd, auf dem gekocht wird. Daneben ein Wehrmachtsspind aus einer Kaserne als Küchenschrank und ein kleiner Tisch für die Küchenarbeit, zum Essen und für die Schularbeiten der Kinder.

Neben der Küche, also in der anderen Ecke des Häuschens, soll einmal eine Treppe eingebaut werden. Aber so weit ist es noch nicht. Wer in die Betten auf dem Dachboden will, muss auf einer Maurerleiter nach oben klettern. Oben gibt es zwar noch keinen richtigen Fußboden, aber immerhin ist das Dach schon dicht. Nur bei sehr starkem Regen nieselt es manchmal durch. Das ist aber nicht schlimm, denn man kann sich ja die Decke über den Kopf ziehen. Hier oben wohnen die Kinder Martin und Renate. Sie schlafen unter alten Wehrmachtsdecken in schmalen Doppeldeckerbetten, einer oben, einer unten.

Im Parterre gibt es zwei winzige Zimmerchen zum Wohnen, Essen, Schularbeitenmachen, Radiohören und zum Flicken von

Die Russen beim Mittagessen, das sie sich immer selber kochen. Von links nach rechts: Kolja (mit dem Rücken zur Kamera), Stani, Igor (von der Krim) und Mascha. Auf dem Rücken ihrer Uniformjacken sieht man noch das verblichene SU (für Sowjetunion), das den Kriegsgefangenen nach ihrer Gefangennahme auf die Jacke gepinselt wurde. Alle tragen noch ihre Uniformmützen.
Während an der Ostfront die Rote Armee die deutsche Zivilbevölkerung genauso massakriert wie drei Jahre zuvor die deutsche Wehrmacht die russische, baut Frau Grassmann zusammen mit den Sowjetsoldaten ihr Behelfsheim im Sachsenwald.

kaputten oder mürben Klamotten. Außerdem schlafen hier nachts die Eltern. Unter dem kleinen Fenster steht das Kinderbettchen für Bruder Justus. Zum Glück hatte ein Nachbar noch Bettzeug, ein paar Mäntel und das Kinderbettchen von Justus aus dem brennenden Haus holen können und auf die Straße gestellt. Das mildert jetzt die größte Not. Unsere anderen Möbel sind alle bei der Ausbombung in Hamburg verbrannt.

Problematisch ist neben dem Essen das Schlafen. Beim Abendessen werden die Lagerstellen besprochen. Der kranke Vater bleibt auf seinem Sofa. Das ist klar. Und der kleine Justus hat noch sein Kinderbettchen. Die Mutter hat ein richtiges Bett, in das gelegentlich die kleine Renate zu ihr kriecht, wenn es ihr auf dem Pritschenlager zu kalt und unbequem wird.
Für mich ist nichts vorgesehen. Niemand hat damit gerechnet, dass ich so bald, schon ein Jahr nach Kriegsende, wieder nach Hause kommen würde. Ich gehe also in den Wald und hole mir ein großes Bündel Tannenreisig, das als Matratze dienen soll. Dann gibt mir Bauer Niemann ein großes Bündel Heu. Auf seinem Dachboden liegen noch ein paar alte Militärmäntel. Die schenkt er mir.

　　　　In der Heimat, in der Heimat, da gibt's ein Wiedersehn!

Meine Geschwister, Bruder Martin (15 Jahre) und Schwester Renate (9 Jahre), sind am Morgen meiner Rückkehr auf dem Feld bei Bauer Niemann zum Kartoffelnpflanzen. Bauer Niemann nimmt dafür am liebsten Kinder. Die sind nicht so raffiniert wie die Erwachsenen, die stecken die Kartoffeln wirklich in die Erde und nicht in ihre Tasche.

Den Hunger fühlen die Leute nicht nur im Magen. Man sieht ihnen den Hunger auch an. Schmale Gesichter, die Augen tief unter der Stirn, und an den langen dünnen Händen kann man die Adern und Knochen sehen.

Als ich die beiden nachmittags vom Feld abhole, erschrecke ich über ihr Aussehen.

Natürlich ist die Freude groß über meine Rückkehr, aber größer ist, glaube ich, die Freude über den Korb Kartoffeln und eine Handvoll Zwiebeln, die ihnen der Bauer als Arbeitslohn zuteilt.

Am Schlimmsten ist die Hungerei für die Kinder. Der Magen knurrt zu jeder Tageszeit. Für alle Lebensmittel muss in und vor den Geschäften angestanden werden, oft halbe Tage lang.

Die Auswahl an Geschäften ist nicht sehr groß, denn Aumühle ist nur ein Dorf mit damals vielleicht 1000 Einwohnern. Mit den vielen Flüchtlingen und Ausgebombten sind es jetzt über 4000. Von morgens bis spätabends drängen sich die Leute vor den wenigen Geschäften. Am längsten ist die Schlange vor dem Krämerladen, von Bürgern mit besserer Schulbildung auch Kolonialwarenladen genannt. Der Grund hierfür ist das besonders breite Warenangebot. Außer Fisch und Fleisch, Brot und Gemüse gibt's hier alles. Nudeln, Marmelade, Zucker und Salz, Butter und Schmalz, Konserven, Kaffeeersatz und vieles mehr.

Lange Schlangen sind normal. Es wird gedrängelt und geschimpft. Gelegentlich muss man ohne Waren wieder nach Hause gehen, weil alles ausverkauft ist. Das ist dann besonders bitter, wenn die Leute schon stundenlang in Wind und Wetter vor den Geschäften auf der Straße gestanden haben.

Oft macht der Schlachter oder der Milchmann seinen Laden gar nicht erst auf. Es gibt nichts zu verkaufen, weil nichts da ist. Auch Lebensmittelmarken sind dann völlig nutzlos. Gott sei Dank weiß man das aber oft schon zu Beginn der Warterei, weil die Ausverkaufs-Katastrophe auf einem Pappschild mit krakeliger Schrift im Schaufenster angekündigt ist.

Zum Glück gibt es gelegentlich etwas beim Fischhändler Wegner. Allerdings keine Fische, nur Fischpaste. Fischpaste ist deutlich erkennbar als durch den Fleischwolf gedrehter Fisch, meistens wohl Abfälle, denn hin und wieder kaut man auf einem Stück Gräte herum oder hat eine Schuppe zwischen den Zähnen. Ich habe gleich den Verdacht, dass der Wegner die Fischpaste selber macht, und zwar von dem, was so übrig bleibt bei den Fischen, die er unter dem Ladentisch zu Schwarzmarktpreisen verkauft.

Wegner ist im Dorf ein hoch angesehener U-Boot-Mann. Damit prahlt er gern, besonders bei den kleinen Jungs im Dorf. In Wirklichkeit ist er nie richtig auf einem U-Boot gefahren. Als er nämlich angeheuert hatte und einsteigen sollte, verhedderte er sich an der Einstiegsluke und fiel drei Meter tief in das Boot. Dabei brach er sich ein Bein, mit dem er seit Kriegsanfang bis heute durchs Leben humpelt.

Vor drei Geschäften am Dorfrand steht niemand Schlange. In einem gab es vor dem Krieg Textilien, also Kleider, Mäntel, Hüte und so weiter. Jetzt gibt es nur noch Schnittmuster und einige dünne Abendkleidchen, vermutlich aus Papier. Im anderen kann man Ansichtskarten vom Sachsenwald und gebrauchte Bücher, das heißt ausgelesene Bücher, kaufen. Früher gab es hier noch Schulhefte, Füllfederhalter und Radiergummi. Aber diese Zeiten sind längst passé.

Und das Schuhgeschäft ist überhaupt nur noch geschlossen.

Der Besitzer musste 1943 in den Krieg und ist nicht mehr zurückgekommen.

In der Heimat, in der Heimat, da gibt's ein Wiedersehn!

Die Bürokratie begrüßt die Heimkehrer

Neben dem Essen ist es außerdem wichtig, den Papierhunger der Bürokratie zu stillen. Am nächsten Morgen bringe ich Henry zum Bahnhof. Er will nach Berlin weiter. Ob er dort je angekommen ist, weiß ich nicht. Ich habe nie wieder etwas von ihm gehört.

Nach den Aufregungen und der andauernden Spannung auf der Flucht ist der Besuch auf dem Gemeindebüro ein gemütliches, ein wohltuendes Erlebnis. Der Gemeindeschreiber, ein Flüchtling aus Pommern, begrüßt mich sehr freundlich, bestempelt meinen gefälschten Entlassungsschein, gibt mir ein kleines Bündel Lebensmittelkarten und wünscht mir für die Zukunft ein besseres Leben als in der Gefangenschaft.

Der Mann ist wirklich nett, und seine Wünsche kommen aus tiefstem Herzen. Wir wussten alle, welche Art Gefangenschaft er in Russland durchlitten hatte. Ich gebe mir Mühe, seine guten Wünsche nicht mit einer schnodderigen Bemerkung zu beantworten. Er hat ja keine Ahnung von amerikanischem Weißbrot, von „Tomatoes and Beans" in Dosen, von dicken Gemüsesuppen mit Wurst und dem Sonntagsbraten mit einer großen Portion Reis. Ich hatte das Paradies gegen glitschiges Brot und Fischpaste eingetauscht. Das muss er nicht wissen.

Für einen Heimkehrer bin ich ziemlich privilegiert. Ich habe zu essen, eine trockene Schlafstelle, eine intakte Familie, nur noch keine Arbeit. Die will ich im Grunde auch nicht. Ich möchte gern Geschichte studieren und dann später als Historiker arbeiten, in einem Verlag, an der Universität oder einem historischen Institut. Das sind meine Leitlinien, die aber völlig luftleer sind, wie sich bald herausstellen soll. Zum Studieren braucht man, auch nach dem Krieg noch, ein Abitur. Und das habe ich nicht. Ich besitze nur eine sogenannte Vorsemesterbescheinigung, die mir helfen soll, ein Not-Abitur nachzuholen, damit ich dann richtig studieren kann, wenn ich denn wirklich aus dem Krieg zurückkommen sollte. So sagte es mir mein Lehrer an der Oberschule Eppendorf in der Hegestraße vor meiner Abreise an die Ostfront im Februar 1944.

Jetzt ist alles anders, weil alles anders ist. Ein Schulrat klärt mich auf. Erst müsse ich noch zwei Jahre beziehungsweise anderthalb Jahre auf ein Gymnasium gehen. Dort würde ich dann mein Abitur machen, und dann könnte ich studieren, vorzugsweise ohne Numerus Clausus, weil ich ja nun Kriegsteilnehmer sei.

Inzwischen bin ich 20, beim Abitur wäre ich 22, am Ende des Studiums 28 Jahre alt. Das wäre für heutige Verhältnisse ziemlich normal, damals: eine Katastrophe. Aber dann denke ich an den Gemeindeschreiber und seine Erfahrungen in der Gefangenschaft und bin schließlich froh, dass ich zumindest mit 22 mein Abitur bekomme.

Mutter schult mich auf die Reinbeker Sachsenwaldschule ein. Allein traue ich mich nicht. Ich hatte wohl Minderwertigkeitskomplexe.

Die Lehrer dort, meist sehr autoritäre Figuren, mögen mich nicht und schikanieren mich nach Kräften.

Meine Klassenkameraden sind so um die 17 Jahre alt. Sie wissen nicht, wie sich russische Panzer T 34 anhören, wenn sie durch einen Sumpf heranstampfen, und sie wissen auch nicht, wie man ein Maschinengewehr vom Typ MG 42 wieder zum Laufen bringt, wenn es Ladehemmung hat.

Ich wiederum kenne ihre Probleme nicht und habe keine Ahnung, worüber ich mit ihnen reden soll. So bleibe ich naturgemäß isoliert. Man respektiert mich zwar, denn ich bin immerhin jemand, der in Russland an der Front gewesen ist, aber Freundschaften kann ich nicht schließen: Ich bin zu erwachsen für meine Mitschüler.

Der Englischlehrer ist ein ziemlicher Dummkopf mit unvollkommenen Englischkenntnissen. Meine Ami-Freunde in Reims hätten ihn wahrscheinlich nicht verstanden und er sie auch nicht.

Die Deutschlehrerin, eine Oma aus Stettin, hat eine Schwäche für Literaten und Musiker der Klassik und Romantik und lebt ihre Leidenschaft hier im Gymnasium aus: Mozart, Mörike und Eichendorff sind ihre Götter. Meine damals nicht. Ich liebte

Count Basie, Benny Goodman, George Gershwin und Duke Ellington, die ich in Reims gehört hatte.

Nur mit dem Mathematiklehrer verstehe ich mich gut. Er fragt mich gleich, bei welcher Einheit und in welchem Abschnitt ich gewesen sei. Es stellt sich heraus, dass er als Artillerieoffizier bei einer Division gewesen ist, die 1944 in der Nähe meines Frontabschnitts in den Pripjet-Sümpfen ostwärts von Pinsk lag. Er hat dort seinen rechten Arm verloren und unterrichtet nun mit links, ein ewig-witziges Bonmot. Er versteht es, mir den Umgang mit der Logarithmen-Rechnung so beizubringen, dass ich es verstehe, was ich vorher nie getan habe.

Aber das allein versöhnt mich nicht mit der Aussicht, länger als ein Jahr in diesem schulischen Kindergarten für mich überflüssiges Zeug zu lernen.

Der Schlusspunkt kommt, als mich die Deutschlehrerin einen Aufsatz schreiben lassen will: „Mozart auf der Reise nach Prag", Analyse einer Novelle von Eduard Mörike.

Ich habe inzwischen von den Verbrechen der Nazis gehört und weigere mich, über diese alberne Mozartreise nachzudenken. Ich würde lieber einen Aufsatz über das Thema „Mozart auf der Reise nach Nürnberg" schreiben, denn dort finden gerade die Kriegsverbrecherprozesse statt. Ich bin deprimiert, als ich durch die wenigen Zeitungsberichte erfahre, für wen und wofür ich beinahe mein Leben verloren hätte.

Die Lehrerin ist empört über meine Weigerung, über Mozarts Reise nach Prag zu schreiben, und meinen Vorschlag, stattdessen lieber einen Aufsatz über Kriegsverbrecher zu verfassen, und meldet mich dem Rektor. Der lässt mich gleich zu sich kommen und verwarnt mich mit groben Worten. Daraufhin kündige ich ihm. Nun ist auch er empört, denn es gehöre sich nicht für einen Schüler, dem Rektor zu kündigen.

Ich bin zufrieden und gehe nach Hause.

Von der Karriere als Generaldirektor

Jemand in der Nachbarschaft weiß von einem Direktor der Jurid-Werke, der einen Direktionsassistenten sucht. Das sei etwas für mich, meint der Vater. Jurid stellt Bremsbeläge her und hat seinen Sitz in Glinde, also fast in der Nachbarschaft, obwohl das Werk eigentlich zu den Thyssen-Werken im Ruhrgebiet gehört, so sagt man.

Ich fahre also nach Glinde, über eine Stunde mit dem Bus, sehr umständlich.

Es empfängt mich ein freundlicher Herr, Mitte 50, sehr elegant in einem offenbar neuen Anzug, mit tadellos gebügeltem Hemd und einer dunklen Krawatte. Er macht großen Eindruck auf mich. Ich kann mich nicht erinnern, jemals einen so eleganten Herrn gesehen zu haben.

Er bittet mich, in einem richtigen Sessel Platz zu nehmen, und bietet mir eine Zigarette an. Ich bin noch beeindruckter, denn so eine Zigarette kostet auf dem Schwarzmarkt immerhin sechs Reichsmark.

Dann unterhalten wir uns über Literatur – komischerweise

Ich protze mit meinen Kenntnissen über Mörike und Goethe (dank der Stettiner Oma aus dem Deutschunterricht). Von Thomas Mann oder Bertolt Brecht habe ich ja keine Ahnung. Über den Krieg und den Nachkrieg fällt kein Wort.

Dann ist die Zigarette aufgeraucht, wir schütteln uns zum Abschied die Hände und der Herr meint, ich sei nun als Direktionsassistent engagiert und solle gleich am Montag anfangen.

Ich bin total überrascht und ziemlich verunsichert. So einfach hatte ich mir das in der Wirtschaft nicht vorgestellt.

Ich gehe zu Fuß nach Hause, zwei schöne Sommerstunden lang durch die fast reifen Kornfelder. Es ist herrlich. Keine Angst, kein Druck, kein Problem, das gelöst werden muss. Ich habe Zeit, mich zu freuen und über mich und meine ganz persönliche Zukunft nachzudenken. Wunderbar!

Das Wunderbarste aber war: Ich kam zu einem sehr guten Entschluss.

Von der Karriere als Generaldirektor

Ich will nicht zu Jurid und Direktionsassistent werden, obgleich mir der elegante Anzug sehr imponiert hat. Ich ahne neue Zwänge, fürchte, wieder Sachen machen zu müssen, die ich nicht gut finde und für deren Durchsetzung ich mich nicht benutzen lassen will.

Meine Eltern finden das völlig in Ordnung. Für sie bin ich auch nicht mehr das Kind, das in Form des zurückgekehrten Sohnes bei ihnen wohnt, sondern ein vollwertiges Mitglied der Familie. Wichtiger als ein provisorisches Abitur ist, dass die Familie etwas mehr zu essen bekommt und Holz für eine warme Stube. Holz zu besorgen ist nicht so schwierig, denn im Sachsenwald, der gleich hinter dem Gartenzaun anfängt, gibt es unendlich viele Bäume. Allerdings ist es streng verboten, dort Holz zu holen, und seien es auch nur trockene Äste. Aber was ist nicht alles streng verboten. Ich gehe mit meinen Geschwistern zweimal in der Woche in den Wald, um Holz für unseren kleinen Kanonenofen zu holen. Einmal treffen wir den Förster. Aber statt uns wegen Holzdiebstahls zu verhaften, sagt er uns guten Tag und geht seiner Wege. Das tun wir auch, mit einem großen Bündel trockener Äste auf dem Buckel.

Häufig fällt der Strom aus. Tagsüber merken wir es kaum, weil nur das Radio plötzlich verstummt. Licht brauchen wir ja nur am Abend. Dann ist es sehr lästig, ohne Licht in der Stube zu sitzen. Auf eine angekündigte Stromsperre kann man sich vorbereiten. Bleibt das Licht aber plötzlich weg, ist das ein ziemliches Problem. Man muss im Stockfinstern nach Streichhölzern und Kerzen suchen. Das ist nicht besonders lustig, es sei denn, man wirft einen Stuhl um oder tritt der Mutter auf den Fuß.

Als Gegenmaßnahme haben die Eltern eine Petroleumlampe mit einem großen grünen Glasschirm eintauschen können. Die verbreitet nun ein warmes Licht, unter dem man gemütlich lesen und schreiben kann.

Wenn meine Mutter mit den beiden Kleinen allein ist, öffnet sie die Ofenklappe und erzählt Märchen im flackernden Licht des Feuers. Sie braucht dazu kein Buch, denn sie kennt alle Märchen auswendig, dichtet sie oft nach ihrem Geschmack um und schmückt sie mit ihrer Fantasie aus. Diese stillen Abende im Schein der Flammen werde ich nie vergessen.

Zum Gemüseklauen in die Vierlande

Für mehr Essen zu sorgen ist schon schwieriger. Da fällt mir Feldwebel Willy Kuberg ein, der in Russland in unserem Regiment den Fuhrpark befehligte und dem ich damals geholfen hatte, aus einem Schlammloch herauszukommen, in das ihn sein Lastwagen, ein 3-Tonner-Opel, gedrückt hatte. Man kann nicht sagen, dass ich ihm das Leben gerettet habe, aber so ähnlich war es doch irgendwie. An der Front rettet man alle Augenblicke Leben und merkt es oft gar nicht. Willy Kuberg aber hat es wohl gemerkt, denn wir haben später, in den wenigen Ruhezeiten hinter der Front, manche Zigarette zusammen geraucht. Wir waren auch als Landsleute befreundet, denn Willy kam aus dem Hamburger Gemüseanbaugebiet „Vierlande". Er war schon ziemlich alt, vielleicht 40, und hatte in Altengamme, so hieß sein Dorf, eine Autowerkstatt.

Willy fällt mir ein, als ich überlege, wo ich wohl etwas zu essen für meine Familie organisieren kann. So mache ich mich auf den Weg nach Altengamme. Bis nach Bergedorf geht es ganz einfach mit der Aumühler Dampfbahn. Dort muss man in eine Kleinbahn umsteigen, die durch alle Dörfchen in den Vierlanden tuckert und Menschen und Gemüse transportiert. Hier mitzufahren ist allerdings schwierig, wenn nicht sogar unmöglich. Schon vor dem kleinen Bahnhof in Bergedorf steht die Polizei. Ausweise werden kontrolliert, und wer nicht in den Vierlanden wohnt, darf nicht einsteigen. Im letzten Jahr sind viele hungrige Hamburger in die Vierlande gefahren und haben Gemüse und Obst von den Feldern geplündert, wenn ihnen die Bauern nichts gegeben oder nichts eingetauscht haben.
Häufig gab es damals Prügeleien zwischen Städtern und Bauern. Die Polizei kam zu solchen Treffen fast immer zu spät. Sie hatte nämlich keine Autos und nur selten Fahrräder. Oft mussten die Polizisten von Bergedorf zu Fuß angelaufen kommen. Da auch die Telefone nicht immer funktionierten, konnten die bedrängten Bauern und Bauersfrauen selten rechtzeitig Hilfe herbeirufen. Das nützte aber sowieso nichts, denn bis die Polizisten ankamen,

Zum Gemüseklauen in die Vierlande

Die Gemüse-
schmuggler sind
einfallsreiche
Leute, und die Poli-
zei schafft es selten,
trotz martialischer
Uniformen und
Reitstiefel, die
Kleinverbrecher auf
frischer Tat zu er-
wischen.

saßen die Gemüseklauer längst im Bähnchen und fuhren mit ihrer Beute nach Hause. An der Endstation der Gemüsebahn in
Bergedorf standen zwar oft Polizisten, um den Gemüseverbre-
chern ihre Beute abzunehmen, aber das klappte nicht immer, weil
manche Polizisten auch Hunger hatten und für eine dicke Mohr-
rübe schon mal beide Augen zudrückten.

Deswegen gibt es nun seit einigen Monaten strenge Polizeikon-
trollen vor dem Bahnhof in die Vierlande, verstärkt durch ein
Kommando der englischen Militärpolizei.

Das haben die Leute in Aumühle erzählt, und ich richte mich danach. Ich versuche erst gar nicht, auf den Bahnhof zu kommen
und in den Zug zu steigen. Ich gehe über die Felder bis ins erste
Dorf. Auf der Straße sollte man möglichst nicht gehen. Oft kommen nämlich englische Militärpolizisten in ihren Jeeps vorbei,
die alle Ausweise kontrollieren. Das tun sie, um sich bei den Bauern beliebt zu machen, denn auch Engländer essen gern Gemüse.

Ohne Probleme erreiche ich das erste Dorf hinter der Vierländer-
Grenze und der Polizeiabsperrung. Gleich am Dorfeingang ist
das Bahnhöfchen. Als endlich ein Zug kommt, klettere ich auf
den letzten Wagen und fahre mit ihm gemütlich bis nach Altengamme, fast eine halbe Stunde.
Das Suchen nach der Werkstatt der Familie Kuberg ist relativ einfach und schnell. Jedermann kennt die Kubergs. In seiner Werkstatt steht er neben einem altmodischen Traktor, der alte Feld-
webelfreund Willy. Es ist, als hätten wir uns erst gestern getrennt.
Das Staunen ist beiderseitig. Die Freude auch.
Frau Kuberg kocht eine richtige Tasse Kaffee, und dazu gibt es
ein dickes, wunderbares Schmalzbrot.
Willy hatte im November 1944, als die Reste des Regiments auf
dem Rückzug kurz vor Brest ankamen, von Partisanen in einem
Wald einen Lungensteckschuss abgekriegt. Und weil das zum
Glück nicht an der Front passiert war, sondern ziemlich weit hinten in der Etappe, lieferten ihn seine Kameraden schon abends
auf einem Truppenverbandsplatz ab, wo die Ärzte die Kugel aus
seiner Brust holten. Zwei Tage später kam er mit einem Lazarett-
zug bis nach Königsberg und war Weihnachten schon zu Hause.
Die Lazarette im Osten waren alle überfüllt, und so war die Wehrmacht froh, wenn sie einige Verwundete zu ihren Familien ent-
lassen konnte. Dort blieb er bis April 1945, als die Engländer bei
Lauenburg über die Elbe kamen und ihn für ein paar Tage als
Kriegsgefangenen mitnahmen.
Seit Mitte Juni 1945 ist er nun wieder in seiner Werkstatt und repariert die alten Traktoren im Dorf, sehr provisorisch natürlich,

denn Ersatzteile gibt es nicht mehr. Wenn ein Bolzen oder Haken kaputtgeht, muss ihn Willy oder der Dorfschmied in Neuengamme neu schmieden. Das ist schwierig, weil kaum Kohle für die Esse da ist. Wenn doch einmal ein kleines Kontingent Kohlen von der Behörde geliefert wird, nimmt man die Kohlen lieber zum Heizen, obwohl das streng verboten ist. Notgedrungen verheizt man altes Holz. Die Lastwagen, die das Gemüse nach Hamburg zum Großmarkt bringen, fahren auf der Rückfahrt oft durch die Hamburger Vorstädte und sammeln Brennholz, das die Fahrer und Beifahrer in den Ruinen noch finden: alte Türen, Balken, Fußbodenbretter oder Fensterbänke.

Das Wiedersehen mit Willy ist auf der einen Seite sehr schön, auf der anderen aber enttäuschend. Familie Kuberg hat nämlich keinen landwirtschaftlichen Betrieb, sondern nur diese Autowerkstatt. Sie hat kein Land, auf dem etwas wachsen kann. Sämtliches Obst und Gemüse müssen auch die Kubergs bei den Nachbarn schnorren, abgesehen von ein paar Stachel- und Johannisbeeren aus ihrem Vorgarten.

Trotz aller Knappheit bekomme ich doch einen großen Kopf Blumenkohl, eine Handvoll Wurzeln und zwei Stangen Porree.

Dazu ein kleines Glas mit Gänseschmalz. Wunderbar. Das bedeutet nämlich für jedes Familienmitglied in Aumühle am Abend einen Esslöffel voll Schmalz.

Doch so weit ist es noch nicht. Erst mal müssen die Schätze vollständig nach Aumühle gebracht werden. Und das ist kein sicherer Heimweg.

Willy zeigt mir, über welche Wiesen und Feldwege ich gehen muss, um zu einer Bushaltestelle außerhalb der Vierlande zu gelangen.

Da warte ich dann zusammen mit rund 30 Leuten, alle beladen mit Taschen und Rucksäcken voll mit Grünzeug, auf den Bus.

Der kommt nach einer Stunde Wartezeit und fährt uns nach Bergedorf.

Zum Abendbrot bin ich wieder zu Hause.

Meine kleinen Geschwister haben noch nie in ihrem Leben Schmalz gegessen und mögen es eigentlich auch nicht. Aber der Hunger ist so groß, dass sie nicht lange herummäkeln. Schließlich essen sie das fettige, schmierige Zeug ganz gern, mit einem Stück trockenem Brot versteht sich.

Der Blumenkohl und die Wurzeln sind ja ganz schön, aber satt werden können wir fünf Leute davon nicht. Was wir brauchen, ist was Richtiges, was Handfestes, meint meine Mutter, am besten ein Sack Korn oder Kartoffeln.

Geschafft – wofür die Hausfrauen in der Reichsmarkzeit einen ganzen Tag brauchen, das würde sie heute in einem Supermarkt weniger als eine halbe Stunde Zeit kosten.

Zum Gemüseklauen in die Vierlande

Nachts auf den Kartoffelfeldern

Ein Sack Korn ist natürlich reine Utopie und ein schöner Traum. Aber ein Sack Kartoffeln? Mein Vater, inzwischen wieder so gesund, dass er ohne Hilfe gehen kann, organisiert den Diebstahl. Der ehemals seriöse Prokurist eines Verlags und Chef von 20 Angestellten entwickelt eine ungewöhnliche, aber sehr einfache kriminelle Idee:

Wir gehen einfach, als wäre das nichts Besonderes, auf die Kartoffelfelder und holen uns einen Sackvoll.

Das hört sich einfach an, scheitert aber schon an dem Sack. Wir haben keinen. Dann nehmen wir eben einen Kopfkissenbezug, meint der Vater, und damit ist der Kartoffelklauer-Plan schon ein Stück Wirklichkeit geworden.

Der nächste Schritt ist das Ausbaldowern eines geeigneten Feldes.

Der Vater geht ein paar Tage spazieren, sortiert die Umgebung nach Anbaugebieten und Transportmöglichkeiten und findet das für unsere Diebestour beste Feld etwas weiter hinten am Waldrand, umgeben von einem Knick, einer Art hohen, wilden Hecke.

Das nächste Problem: Ein Sack voller Kartoffeln hat aber ein genauso großes Gewicht wie ein Kopfkissenbezug voller Kartoffeln. Ihn über eine Entfernung von etwa zwei Kilometern auf unseren Schultern zu tragen ist unmöglich, halb verhungert, wie wir sind. Ein Wagen muss her.

Wir haben keinen.

Die Kinderkarre meines kleinen Bruders Justus war leider gleich zu Anfang des Nachkriegs gegen eine Speckseite vertauscht worden. Auf der Suche nach einem Fahrzeug finde ich in der Sandkiste des Nachbarn jedoch einen hölzernen Spielzeugwagen, ehemals von Holzpferden gezogen. Die waren vermutlich längst in einem Ofen verglüht. Warum die Pferde dort ohne ihren Wagen verbrannt worden sind, wusste niemand. Wahrscheinlich passte der Wagen nicht durch die Ofentür.

Der einzige Nachteil sind die kleinen Räder mit einem Durchmesser von kaum zehn Zentimetern. Und die laufen natürlich

Nachts auf den Kartoffelfeldern

Mit einem kompli-
ziertem System von
Lebensmittelkarten
versuchen die Be-
hörden, die knap-
pen Lebensmittel
möglichst gerecht
zu verteilen. Aber
auch für Kleidung,
Schuhe oder
Küchengeräte gibt
es Berechtigungs-
scheine.
Die Zuteilung für
eine Woche beträgt
zum Beispiel am
10. Mai 1947: 1500
Gramm Brot, 100
Gramm Nährmit-
tel, 62,5 Gramm
Fett und 2500
Gramm Kartoffeln,
Fleisch wird nicht
aufgerufen.

auch nicht auf einem Kugellager, sondern auf großen Nägeln, welche die Achsen ersetzen. Noch ein paar Tage bis zum Neumond,
denn die Kartoffel-Klau-Aktion sollte nicht am Mondlicht schei-
tern.

Schließlich ist es so weit. Wir, das heißt mein Vater als Oberganove
und Schmierensteher, mein kleiner Bruder Martin und ich als
Kartoffelklauer, machen uns gegen drei Uhr nachts auf den Weg.
Den Kartoffel-Transportwagen tragen Martin und ich. So kommen wir schneller voran und die kleinen, ratternden Räder können uns nicht verraten, denn es ist eine stille, fast lautlose Nacht.
Vater hat am Tag zuvor auf einem Kontrollgang eine Lücke im
Knick entdeckt. Da halten wir nun an, und er gibt uns letzte In-
struktionen.

„Nur kriechen, nicht gehen. Gegen den helleren Nachthorizont könnte man euch vielleicht erkennen. Mindestens zehn Meter weit ins Feld kriechen, wenn es geht bis zur Mitte. Da kann man euch wohl kaum sehen und auch nicht hören. Zum Ausgraben der Kartoffeln möglichst nur die Hände benutzen, nicht eure blechernen Kindersandschaufeln. Damit könntet ihr vielleicht gegen einen Stein stoßen. Das Geräusch kann man weit hören. Die Kartoffeln nur im Liegen ausgraben. Und immer langsam, immer ganz ruhig. Ich passe auf, und wenn ich etwas Verdächtiges höre, mache ich den Eulenruf, hört mal, so!"

Und dann jault er uns was vor. Es hört sich an wie ein alter Hund. Das soll ein Eulenruf sein?

Dann schleichen wir los, kriechend, wie Vater es befohlen hat. Schon nach wenigen Metern haben wir die ersten Kartoffelstauden zu fassen. Aber hier noch nicht, kein Halt. Entdeckungsgefahr!

Wir kriechen weiter, fast bis zur Mitte des Feldes. Dann fangen wir an, Kartoffeln aus der Erde zu graben. Wir legen sie in die Furche hinter uns und kriechen und buddeln weiter, Staude um Staude, wie die automatischen Kartoffel-Erntemaschinen 50 Jahre später.

Natürlich ist diese Nachtaktion längst nicht so gefährlich wie die Nachtaktion im Granattrichter vor Aachen. Wenn uns hier jemand erwischt, kann es höchstens eine Anzeige wegen Diebstahls geben. Aber in der Gemeinde Aumühle würde sich wahrscheinlich niemand die Mühe machen, diese Anzeige zu bearbeiten.

Vermutlich würde der Bauer, wenn er uns schnappt, eine ordentliche Tracht Prügel verabreichen. Aber auch das ist unwahrscheinlich, denn er muss damit rechnen, alte Soldaten zu erwischen, die bei der Wehrmacht Nahkampf gelernt haben und unter Umständen auch gute Prügler sind.

Aber während ich, Kartoffeln buddelnd, die Nachtaktionen der letzten Monate vergleiche, höre ich plötzlich einen Uhu schreien. Verdammt!

Hat der Vater geschrien? Oder war es ein echter Uhu?

Stumm bleiben wir in unserer Kartoffelfurche liegen.

Nachts auf den Kartoffelfeldern

Wir liegen und liegen. Jetzt fällt mir ein, dass wir vergessen haben, ein Entwarnungssignal zu verabreden. Aber das ist nun auch egal. Ich flüstere zu Martin rüber: „Weitermachen!"

Nach einer halben Stunde oder so denke ich, wir haben genug gebuddelt und könnten nun anfangen, unsere Ernte einzusacken.

Wir kriechen also Stück für Stück zurück und schieben dabei die Kartoffeln aus der Furche in Mutters Kopfkissenbezug, den Kartoffelsack-Ersatz.

Aber nach einer Weile habe ich das Gefühl, unser Kopfkissenbezug wird nicht voller. Im Gegenteil, ich habe den Eindruck, er wird leerer.

Wir halten inne, und ich befühle die Sache von allen Seiten. Und was ist? Alle Kartoffeln, die wir oben reinfüllen, kommen unten wieder raus. Des Rätsels Lösung: Der Stoff des Bezugs ist so mürbe, dass er an einer Seite aufgerissen ist oder besser gesagt dabei ist, sich langsam aufzulösen.

Ich ziehe meinen Mantel aus, in dem wir die zweite Hälfte unserer Beute durch den Acker zu unserem Vater schleifen.

Er ist in großer Sorge, dass uns etwas passiert sein könnte, denn er hat nichts, überhaupt nichts mehr von uns gehört. Wir waren für ihn spurlos vom Erdboden beziehungsweise im Kartoffelacker verschwunden.

Die Erleichterung über unsere gesunde Rückkehr ist ihm deutlich anzumerken. Er macht sogar noch einen Witz und belobigt uns wegen unserer tadellosen, feldmarschmäßig guten Aktion.

Wir drei sind ausgesprochen fröhlich. Den Bezug verknoten wir provisorisch, und die Kartoffeln, die da nicht mehr reinpassen, stopfen wir in unsere Mantel- und Hosentaschen. Quietschend und rasselnd schieben wir unseren Kleinstlaster mit dem löcherigen Kartoffelbezug im Morgendämmern über die Feldwege nach Hause.

Meine Mutter saß die ganze Nacht aufrecht in ihrem Bett und wartete voller Sorge auf uns. Sie grübelte und hat sich überlegt, was sie wohl dem Bürgermeister und dem Pastor sagen soll, wenn uns eine Polizeistreife oder der Bauer erwischt hätte. Bei dem Gedanken war ihr ganz schlecht geworden.

Trotz aller Bedenken und Sorgen stellt sie aber schon beim Morgendämmern unseren größten Kochtopf auf den Kanonenofen, und als wir mit unserer Diebesbeute nach Hause kommen, schüttet sie gleich eine große Portion davon in das kochende Wasser. Zum Frühstück gibt's dann Pellkartoffeln, so viel man will beziehungsweise in sich reinstopfen kann.

Das löcherige soziale Netz und die Frau im Pelzmantel

In dieser Zeit hat meine Familie praktisch kein Einkommen. So geht es aber vielen Familien. Sozialhilfe, welcher Art auch immer, gibt es so gut wie nicht. Meine Mutter, eine sehr praktisch veranlagte Frau, die sich von keinem Schicksalsschlag oder Missgeschick entmutigen lässt, verdient ein wenig Geld durch Näharbeiten. Außerdem putzt sie im Haus der Försterfamilie. Dort bekommt sie nicht nur Reichsmark für ihre Putzerei, sondern auch ein paar Kartoffeln, Wurzeln und Steckrüben. Und beim Müller Rode gibt es gelegentlich für ein bisschen Hilfe im Haushalt ein kleines Säckchen mit Getreideschrot.

Schon bald nach der Kapitulation hat sich neben der Kirche eine Nähstube etabliert. Meine Mutter zeigt dort zusammen mit Fräulein Kunde, einer älteren Flüchtlingsfrau aus Pommern, den Flüchtlingen, wie man Kleidung repariert, Strümpfe stopft oder aus alten Wehrmachtsmänteln Kinderkleidung schneidert.
Als Dritte kommt im Sommer 1945 eine Frau Wagenseil dazu. Mit ihren drei Kindern ist sie im Februar aus Stolp in Pommern geflüchtet. Ihr Mann, ein Tischlermeister, wurde zum Volkssturm eingezogen und musste zurückbleiben. Seither ist er verschollen.

Im Frühjahr ist sie hier in das Aumühler Flüchtlingslager in der Reithalle hinter dem Bahnhof eingewiesen worden, nachdem sie mit ihren beiden kleinen Söhnen mehrere Flüchtlingslager in Mecklenburg durchlitten hat. Frau Wagenseil fällt durch ihre hohe, schmale Gestalt und einen schicken Pelzmantel auf, den sie sehr lässig trägt. Sie wirkt wie eine Baronesse oder Fabrikbesitzergattin, die sie aber gar nicht ist.
Ihren eleganten Pelzmantel hat sie sich selber geschneidert, aus Lumpen und Pelzresten, die sie in einem Müllhaufen neben dem Tor der ausgebrannten Kaserne in Anklam gefunden hat. Da suchte sie nämlich für ihre beiden Jungs warme Wintermäntel und ist dabei auf den zerfetzten Pelzmantel gestoßen. Dazu Tuchreste, Knöpfe, alte Gardinen und Stoffbänder.

Trümmerfrauen bei der Mittagspause. Für Flüchtlinge und ausgebombte „Volksgenossen" sind die Bedürfnisse folgende:
1. Nahrung
2. Schlafstelle
3. wasserdichte (also regendichte) Umhänge
4. warme Kleidung (Pullover oder Wollmäntel)
5. stabiles Schuhwerk
6. vor allen Dingen gute Freunde.

Mit diesen Pelzmantel-Resten kam sie in Aumühle an. Sie war fest entschlossen, für sich aus diesem pelzigen Lumpen ein gut aussehendes und wärmendes Kleidungsstück zu machen, was ihr auch schon nach wenigen Tagen gelang.

Als pommersche Handwerkerfrau versteht sie etwas vom Nähen, und so dauert es nicht lange, bis sie bei meiner Mutter in der Nähstube aufkreuzt. Wie sich bald herausstellt, versteht sie nicht nur etwas vom Nähen, sondern kann auch anderen Frauen das Näh- und Schneiderhandwerk beibringen. Und das setzt sie in den kirchlichen Nähkursen um und wird so zu einer wesentlichen Aufbaukraft in der Gemeinde.

Es ist überhaupt ein soziologisch interessantes Signal, das die mittellosen Flüchtlinge und Ausgebombten aus unterschiedlichen Herkünften 1945 und 1946 aussenden, um von ihren westdeutschen Mitmenschen, sozusagen von ihren Gastgebern, akzeptiert und wohl auch respektiert zu werden.

Da gibt es die Erzählungen von Flüchtlingen, die den Verlust ihrer großen Güter im Osten oder den Exitus ihrer Fabriken und großen Handwerksbetriebe beklagen. Manches stimmt, aber vieles ist Angeberei und nur der Ausgleich für Minderwertigkeitskomplexe. Gehässige Bemerkungen der Westdeutschen über die vielen Rittergutsbesitzer aus dem Osten bleiben nicht aus. Es ist auch ein Zeichen von Hass zwischen den Noch-Besitzenden und den Besitzlosen. Die Habenichtse besitzen nämlich nichts außer ihrem Leben.

Die paar wenigen wertvollen Dinge, die sie aus dem Osten mitbringen konnten, Silberbestecke, Schmuck und Antiquitäten, mussten sie im ersten Nachkriegswinter 1945/46 gegen Lebensmittel eintauschen. Manche Westdeutsche erwiesen sich dabei als hartherzig und mitleidlos.

Die Notunterkünfte auf Bauernhöfen, in Ställen, Scheunen, auf Dachböden oder zum Teil in Kellern sind manchmal grauenvoll und menschenunwürdig.

Auch die Städte sind zum Teil voller entsetzlicher Notunterkünfte. Natürlich gibt es Stadtviertel wie Eppendorf oder Charlottenburg, die unerklärlicherweise am Rande der Bombenteppiche geblieben sind.

Aber viele Stadtteile sind praktisch vernichtet und ausgelöscht. Es gibt kilometerlange Straßenzüge, gesäumt von Ruinen, so weit man sehen kann. Doch diese Straßenzüge sind nicht tot, nicht ohne Leben. Unter Schuttbergen, in alten Luftschutzkellern, in Resten von Treppenhäusern oder in Schuppen, die einst zu Handwerksbetrieben gehörten, wohnen ganze Familien oder Hausgemeinschaften beziehungsweise die Menschen, die von den Hausgemeinschaften noch übrig geblieben sind.

Die Schlange vor 34 Badewannen

Zu Hause zu sein ist natürlich sehr schön, hat aber auch seine Komplikationen. Zum Beispiel das Badezimmer für unsere Familie. Wir sind sieben Personen, darunter ein sogenanntes Kleinkind, der Bruder Justus.

Zum Glück gibt es keine Komplikationen bei uns, weil wir gar kein Badezimmer haben. Nur eine Emaille-Schüssel, nicht größer als ein Eimer.

Unser Badezimmer ist ein altertümlicher Rundbau mit 34 Badewannen gleich neben dem Hamburger Hauptbahnhof. In der Mitte steht ein riesiger, 20 Meter hoher Schornstein, höher als das Dachgerippe des Hauptbahnhofs. Um den Schornstein herum die Heizkessel, die warmes Wasser für die 34 Badewannen liefern.

Chef dieser Not-Badezimmeranlage ist ein ehemaliger Feldwebel, der in seiner alten Wehrmachtsuniform energisch seine Truppe, nämlich sechs kräftige Badewärterinnen, kommandiert und mit ihnen für einen geordneten Ablauf der Baderei sorgt. Mit diesen Wärterinnen ist nicht zu spaßen. Mit ihrer körperlichen Fülle, für die Zeit unangemessen dick, sind sie jedem Badegast überlegen. Jeder gehorcht ihren Befehlen. Niemand traut sich, ihnen zu widersprechen.

Die Gäste, darunter auch ich, müssen sich in einer langen Schlange vor der Kasse anstellen, denn es gibt viele Hamburger, die kein richtiges Badezimmer mehr haben und auf den Service dieser alten Badeanstalt angewiesen sind.

Der Eintritt kostet drei Reichsmark, also eine halbe Zigarette. Die Badezeit von 20 Minuten darf nicht überschritten werden. Wer nach 20 Minuten mit seinem Bad noch nicht fertig ist, wird von einer der starken Badefrauen mit kräftigem Griff herausgeholt, egal ob sauber oder nicht, ob noch eingeseift oder noch nass oder noch nicht wieder angezogen. 20 Minuten sind 20 Minuten, schnauzt die Badewärterin. Da gibt's keine Debatte, keine Ausrede, kein Wenn und kein Aber. 20 Minuten sind 20 Minuten. Also raus da.

Die Schlange vor 34 Badewannen

Hygiene scheint ein peinliches Thema zu sein, denn man erfährt kaum, wie es damit in Krisenzeiten aussieht. Wo und wie gibt es WCs, was macht man ohne Wasser und Seife, und wie löst man die schwierige Situation mit dem Toilettenpapier? Die Engländer hatten das Problem wohl rechtzeitig erkannt und neben vielen anderen Einrichtungen auch einige Badeanstalten, besser einige Waschhäuser, wieder geöffnet, darunter auch das Steintorbad neben dem Hauptbahnhof, hier zu sehen mit dem penisartigen Schornstein, der später leider abgerissen wurde.

Diese Badefabrik funktioniert folgendermaßen: 34 Badewannen stehen in 34 Badekabinen. In jeder dieser Kabinen steht neben der Wanne ein Hocker, auf dem die „Gäste" ihre Kleider, Mäntel und die Unterwäsche ablegen können. Die Schuhe müssen unter den Hocker gestellt werden. Gebadet wird nackt. Seife, das heißt ein Stück rauen Bimsstein, das den Dreck von der Haut kratzt, gibt's gratis. Die Türen der einzelnen Kabinen können nicht abgeschlossen werden. Wenn man also zugucken will, wie die Leute baden und sich waschen, egal ob Mann oder Frau, muss man die angelehnten Türen nur ein bisschen aufmachen. Das tun aber die wenigsten Gäste. Voyeurismus gibt es noch nicht.

Ist der Badevorgang abgeschlossen und der Badegast wieder raus aus der Kabine, angezogen oder mit seinen Sachen im Arm im Flur, wird die Badekabine sauber und fertig für den Nächsten gemacht. Frau Bademeisterin lässt das Dreckwasser ablaufen, nicht ohne vorher noch einen Eimer davon abgeschöpft zu haben. Damit werden die Wanne und auch der Fußboden mit zwei kräftigen Schwüngen ausgewischt. Fertig, der Nächste bitte! (Bitte natürlich nicht.)

Ich bin nur einmal in dieser Badeanstalt gewesen. Natürlich war ich nach 20 Minuten noch nicht sauber, also noch nicht fertig, und wurde mit hartem Griff von einer dieser Walküren herausgeholt. Ich konnte noch schnell meine Schuhe greifen, und schwupps stand ich barfuß in meiner alten Unterhose im Vorraum neben dem Kassenhäuschen.

Hinter mir poltert eine dieser Bade-Kommandösen mit Eimern und Schrubberbesen und macht „sauber" für den nächsten Klienten. Sie lässt das dreckige Wasser aus der Wanne ablaufen, nicht ohne vorher noch einen Eimer von dem Schmutzwasser abzuschöpfen, um damit den Fußboden rein und trocken zu wischen.

Diese schöne alte Badeanstalt, hanseatischer Vorstadtbarock, gibt es nicht mehr.
Das finde ich sehr schade, auch wenn sie damals schon keine richtige Fassade mehr hatte. Die vielen Bombensplitter hatten die Badeanstalt entkleidet, und sie stand da, nackt in der kalten Stadtluft.
Heute werden unsere Augen an dieser Stelle durch die hässlichen City-Hochhäuser gekränkt, die allerdings wohl bald abgerissen werden. Vielleicht kommt dann wieder eine schöne Barockbadeanstalt an diese Stelle, mit einem großen Schornstein in der Mitte. Und die Badewärterinnen sind dann dünne Models, die uns mit entzückender Geste trockene Handtücher reichen.

Flanieren auf dem Jungfernstieg

Der Mittelpunkt der Stadt Hamburg ist wie schon zu Friedenszeiten der Jungfernstieg. Immer wieder, wenn ich in der Stadt bin, mache ich einen Bummel auf dem breiten Fußweg, natürlich an der Wasserseite. Die Ruinen der ausgebombten oder ausgebrannten Häuser auf der anderen Straßenseite stören kaum. Die weite Binnenalster mit den schreienden Möwen vor der Dampferanlegestelle macht das Unglück vergessen, das über die Stadt gekommen ist. Auch die vielen Menschen, die gemächlich über das von Explosionen zerrissene Pflaster flanieren, scheinen wie aus der Zeit gefallen. Hunger und Armut sieht man ihnen nicht an. Sie schwatzen und lachen, Kinder spielen. Einige Leute sonnen sich neben dem Fußweg und auf Löschsandkisten, die, noch gefüllt aus dem Krieg, übrig geblieben sind.

Oft, besonders in den russischen Nächten, hatte ich von so einem Bummel geträumt. Und jetzt bin ich hier, als sei es das Selbstverständlichste von der Welt.

An einem schönen, warmen Herbsttag, ich sitze auf einer dieser Löschsandkisten, schlendert ein langer, dünner Mann an mir vorbei. Er bleibt stehen, guckt mich an, geht weiter, bleibt wieder stehen, dreht sich um und kommt auf mich zu. Da erkenne ich ihn: Es ist der Schorsch aus meiner Klasse, Georg Peymann.

Wir begrüßen uns sehr förmlich mit Handschlag. Wir fremdeln. Drei Kriegsjahre liegen zwischen uns. Wir versichern uns, dass es uns gut geht, und setzen uns auf die Löschsandkiste. Es gibt eine merkwürdige Pause. Keiner sagt etwas.

Ich habe so viel erlebt. Warum soll ich ihm das alles erzählen, was ja auch bedeutet, dass ich es ihm erklären muss. Dazu habe ich eigentlich keine Lust. Ihm mag es ähnlich gehen.

Da sitzen wir also nebeneinander, sehen auf die schöne glatte, blaue Alster und zu den kreischenden Möwen – und sagen nichts. Schließlich frage ich nach den anderen, den Klassenkameraden. Er scheint froh über meine Frage zu sein, weil endlich ein Gespräch beginnt. Er holt tief Luft. Den meisten geht es gut, meint er. Nur die sechs, die in der Flakstellung waren, als sie den Volltreffer abbekam, sind eben tot. Auch der Lehrer Herr Helm.

Hamburgs weltbe-
rühmte Uferstraße,
der Jungfernstieg,
hier 1948 noch
ohne Alsterpavil-
lon, aber schon mit
fahrender Straßen-
bahn. Oben links
weit hinten erkennt
man den Gänse-
markt mit dem
englischen Trup-
penkino AKC-
Globe-Cinema,
früher Lessing-
Filmtheater.

Und Edgar mussten sie ein Bein amputieren. Er lebt aber noch, bei seinen Großeltern, irgendwo in der Heide. Er nennt die Namen der sechs. Ich kann mich kaum an sie und die dazugehörigen Gesichter erinnern.
Ich spreche von meiner Zeit in Russland, aber mit sehr knappen Worten. Mir ist es irgendwie peinlich. Ich habe das Gefühl, ich protze mit meinen Erlebnissen.

Von meiner Zeit in der amerikanischen Gefangenschaft und meiner Flucht erzähle ich nichts.

Als ich von dem Häuschen meiner Mutter im Sachsenwald erzähle, beneidet er mich ganz offensichtlich.

Er wohnt seit ein paar Monaten bei einigen Leuten in einer Nissenhütte in Hasselbrook, und eigentlich, sagt er, ginge es ihm jetzt ganz gut. Zwei ältere Frauen hätten ihn eines Nachts zufällig vor der Baracke des Roten Kreuzes am Hauptbahnhof gesehen. Sie sei gnadenlos überfüllt, und auch Stehplätze gebe es keine mehr, hätte ein grober Rot-Kreuzler geschnauzt.

In dieser Nacht war für ihn alles zu Ende, richtig zu Ende. Er wusste nicht mehr, wie es weitergehen sollte. Vorher hatte er in einem Kellereingang gewohnt. Das sei ganz gut gewesen, bis ein paar Polen an seiner Behausung vorbeigekommen seien. Sie hätten ihn verprügelt, ihm seine Wolldecke und sein Essgeschirr weggenommen und ihn zusammengeschlagen liegen gelassen.

Mühsam schleppte er sich noch zum Hauptbahnhof, zur Baracke des Roten Kreuzes. Dann wusste er nichts mehr. Die beiden Frauen, Rot-Kreuz-Schwestern, erzählten ihm später, er habe geweint und deswegen hätten sie ihn mitgenommen, in ihre Nissenhütte.

Er lacht, als er das erzählt. Es ist ihm peinlich, und ein bisschen schämt er sich wohl auch, weil er mir erzählt hat, dass er geweint hat.

Jetzt habe sich für ihn daraus eine Art Familie entwickelt, und er fände das ganz gut. Sein Vater sei noch in russischer Gefangenschaft – glaubt er jedenfalls. Seine Mutter sei bei einem Bombenangriff verschüttet worden und gestorben. Aber auch das wisse er nicht genau.

Er lädt mich ein, ihn einmal bei seiner Ersatzfamilie zu besuchen. Am besten sonntags. Da sei immer was los. Ihre Nissenhütte stünde in der Griesstraße und habe die Nummer 17c.

Zwei Sonntage später mache ich mich auf den Weg in die Griesstraße zu Schorschs Nissenhütte.

Der kanadische Offizier Nissen hat 1916 diese nach ihm benannte praktische Notunterkunft für die Armee erfunden. Sie kann in wenigen Stunden von ein paar Soldaten aufgebaut werden. Nach dem Zweiten Weltkrieg wird die Erfindung benutzt, um Obdachlosen, Flüchtlingen oder Kriegsgefangenen eine relativ stabile Unterkunft zu bieten.

Die Nissenhütte 17c finde ich gleich, doch niemand ist da. Vor der Tür sitzt ein einbeiniger Veteran und erklärt mir freundlich, dass alle in der Schule seien, in der Marienthaler Straße. Da sei ein Fest. Jemand habe Geburtstag. Für ihn sei das aber nichts mehr. Mit seinen Krücken sei ihm das zu anstrengend. Aber ich solle da ruhig mal hingehen. Es würde mir bestimmt gefallen, er beschreibt mir den Weg.

Schon von Weitem höre ich die Töne einer Ziehharmonika, allerdings unangenehm verfremdet, mit einem Quietschton. Etwa hundert Leute stehen und sitzen auf den Treppen, die zum Schulhof führen. Schorsch hockt ganz vorn. Er winkt mir zu.

Jetzt sehe ich, woher der Quietschton kommt. Ein Mädchen, wohl noch eine Schülerin, begleitet den Harmonikaspieler auf einer Geige. Er sitzt auf einer Schubkarre, sie steht neben ihm, ein harmonisches Paar, wenn man von der Geige mal absieht.

Dem Publikum ringsherum gefällt es. Jemand fängt an zu singen, der Harmonikaspieler nimmt die Melodie auf, andere Leute fallen

in den Gesang ein, es entsteht ein Konzert ganz eigener Qualität. Was gesungen wird? Die alten Lieder, die ich schon von der Hitler-Jugend her kenne. Aber es sind natürlich keine Nazi-Lieder. Es sind Volkslieder wie „Hoch auf dem gelben Wagen" oder „Am Brunnen vor dem Tore" oder auch „Wenn die bunten Fahnen wehen". Ein weiteres Lied erkenne ich wieder: „Drunten im Tale". Das ist ein Lied, das wir auch in der Kriegsschule gesungen hatten.

In einer kurzen Pause fangen ein paar Jungen auf der oberen Treppe an, die Internationale zu singen. Aber über die ersten Töne kommen sie nicht hinaus. Sofort formiert sich die Konkurrenz. Von den „Roten" und ihrem Kampflied wollen die Leute so kurz nach dem Krieg nichts wissen. Der Harmonikaspieler fängt an, mit überlauter Stimme das alte Revolutionslied von 1848 zu singen, und begleitet sich dazu kräftig mit seiner Harmonika: „Die Gedanken sind frei, wer kann sie erraten!"

Nissenhütten sind halbrunde, aus dünnem Wellblech zusammengeschraubte Buden, in denen oft 20 Personen leben. Sie haben keine sanitären Einrichtungen, keine Lampen. Oft gibt es nicht einmal Fenster oder richtige Türen.

Flanieren auf dem Jungfernstieg

Ich finde das alles auf einmal ein bisschen komisch, sogar kitschig. Anderen Leuten geht es wohl auch so. Das Treffen löst sich langsam auf.

Schorsch nimmt mich mit zu seiner Schlafstelle in der Nissenhütte. Die steht schon über ein Jahr in der Griesstraße und ist inzwischen so etwas wie eine Luxusausgabe dieser primitiven Notunterkünfte.

Jetzt, im Sommer und Herbst 1946, sind die Wellblechschuppen willkommene und gern genutzte Notlager. Sie sind nicht so feucht wie die Keller unter den Ruinen und schützen auch gegen die Unbilden des Wetters einigermaßen. Da viele Männer keine Arbeit haben und sich langweilen, verschönern sie ihre Hütten. Das ist relativ einfach, denn das Wellblech ist so dünn, dass man es einfach biegen und mit der Kneifzange schneiden kann. Die Leute bauen sich Fenster und Türen ein, zimmern für ihre Familien Betten aus alten Brettern, bauen Öfen samt Schornstein, und einige haben es sogar zu einer funktionierenden Frischwasserleitung gebracht. Das Abwasser, also die Kloake, fließt durch die noch fast intakte Kanalisation unter dem Straßenpflaster ab, auf dem die Nissenhütten stehen, links und rechts gesäumt von den zum Teil hoch aufragenden Ruinen.

Wie gefährlich das Aufstellen der Nissenhütten neben und zwischen den Hausresten ist, zeigt sich immer wieder bei Stürmen. Treppenhäuser oder mürbe Reste einstmals hoher Mietshäuser stürzen unter dem Druck der Windböen zusammen und begraben die blechernen Nissenhütten unter sich. Einige Bewohner kommen dabei ums Leben, andere werden verletzt.

Ich bin erschrocken über die einfache Einrichtung. Es ist weniger gemütlich als in unseren Zimmern in Aumühle und noch primitiver als die Erdhütten-Unterkünfte im amerikanischen Gefangenenlager in Reims.

Schorsch schläft auf einer Holzpritsche. Neben ihm, auf zwei kleinen Holzregalen, liegt sein Essgeschirr: zwei Teller mit Goldrand, ein Blechbecher, eine dicke Schüssel aus Steingut und ein Besteck aus Blech, ehemaliges Wehrmachtseigentum. In der Mitte der Hütte steht ein großer Tisch, auf dem das Essen zubereitet wird. Dieser Raum ist auch gleichzeitig so etwas wie das Wohnzimmer. Weit hinten im Raum qualmt ein kleiner, runder Blechofen. Auf ihm wird gekocht, wenn was zum Kochen da ist, zum Beispiel Pfefferminztee. Jeder hat seinen eigenen Stuhl, unterschiedlicher Herkunft natürlich. Es gibt Fenster, die selbst gebastelt sind, ebenso wie die Eingangstür.

Frappierend ist der Fußboden – das ganz normale Straßenpflaster, denn die Hütten sind ohne Fundamente auf die von Trümmern gesäumte Straße gestellt.

Obwohl Schorsch sich hier wie zu Hause fühlt, will er doch wieder weg, nach Süden, nach Bayern oder so. Da waren wir einmal mit der Klasse während des Krieges in der Kinderlandverschickung gewesen. Da sei das Wetter besser, weiß er, und vor allen Dingen gibt es dort Amerikaner. Das scheint ihm ein Versprechen für ein besseres Leben zu sein.

Schorsch ist der einzige Mensch, den ich aus meinem früheren Leben wiedertreffe.
Ich besuche ihn noch ein paar Mal, bis er verschwunden ist, wohl nach Bayern.

Eine kostbare Reise von Berlin zum Hamburger Hauptbahnhof

Der gesellschaftliche Mittelpunkt unseres kleinen Dorfes ist der Bahnhof mit den vielen Flüchtlingslagern ringsherum. Oben auf der Straßenbrücke über den Gleisen trifft man sich für Klatsch und Tratsch, die Neu-Bürger, die Flüchtlinge und ein paar Alt-Bürger. Es gibt auch eine kleine Schwarzmarkt-Tauschbörse. Aber wer richtig was sucht und richtig was braucht, der fährt nach Hamburg zum richtigen Schwarzmarkt. Sonst gibt's hier in Aumühle nix, kein Kino, keine Kneipe, keine Sporthalle und keinen brauchbaren Fußballplatz.

Ich gehe gern zur Bahnhofsbrücke, sitze auf dem warmen Eisengeländer, höre zu, was die Leute erzählen, wie schön es früher im Osten, in der kalten Heimat war und wie sie ihr Leben jetzt neu gestalten wollen. Alles Hirngespinste, oder doch nicht?

Gelegentlich, wenn nichts los ist, keine neuen Leute und deswegen auch keine neuen Geschichten da sind, fahre ich nach Hamburg. Das ist ein billiges und harmloses Vergnügen. Es kostet 35 Reichspfennige, also zwei tiefe Lungenzüge von einer amerikanischen Zigarette. Für eine ganze Zigarette kann man achtmal nach Hamburg fahren, hin und zurück versteht sich.
Die Weltstadt beziehungsweise das, was von ihr übrig blieb, ist noch immer ein Anziehungspunkt.

Ein schöner Herbsttag, seidenweich die samtwarme Luft, ein paar Blätter segeln lautlos zu Boden. In der Ferne klopft ein Specht. Sonst ist es still.
Ich schlendere zum Bahnhof. Was soll ich sonst auch machen. Vielleicht nach Hamburg fahren, in die staubige, dreckige, laute Trümmerstadt. Oder besser hier bleiben, im friedlichen, lauwarmen Aumühle?

Schon eine Straßenecke vor dem Bahnhof stehen ungewöhnlich viele Leute auf der Straße. Es scheint, als ob endlich mal was passiert ist.

Eine kostbare Reise von Berlin zum Hamburger Hauptbahnhof

Die Bahnhofsbrücke selbst ist schwarz vor Leuten. Unten am Bahnsteig steht ein Personenzug aus Berlin, endlos lang, die letzten Wagen noch auf der Strecke. Der Bahnsteig ist für dieses Zugformat nicht lang genug. Die Türen sind offen, viele Passagiere stehen auf dem Bahnsteig, reden, schimpfen, lachen zusammen.

Eine englische Militärpatrouille hat den Zug angehalten. Eine Weiche soll kaputt sein, oder in Bergedorf ist eine Brücke eingestürzt. Oder im Wald bei Wohldorf sind Saboteure gesehen worden, oder die Lokomotive hat keine Kohlen mehr oder kein Wasser. Irgendetwas ist passiert, kann man den Gerüchten entnehmen.
Ich gehe auf den Bahnsteig, spaziere zwischen Leuten hin und her. Alle sind inzwischen besser angezogen als am Ende des Krieges.
Auf einer der wenigen Holzbänke sitzt ein älterer Mann, nein, eigentlich ist es ein älterer Herr. Auf seinen Knien liegt ein schäbiger Pappkoffer. Er hat ein sehr edles, offenbar maßgeschneidertes Jackett an, dazu einen weißen Seidenschal lässig um den Nacken geschlungen, eine hellgraue Hose, der man die Bügelfalte noch ansieht, und ein paar Schuhe, offenbar früher in einem feinen, teuren Laden gekauft. Jetzt aber sieht die Hose aus wie ein Sack, und in den Jackettärmel ist ein ziemlich großes Loch gerissen. Mit einem Wort: Der Herr ist ein ehemaliger Herr. Das Einzige, was nicht zu dem ehemaligen Herrn passt, ist der schäbige, mittelgroße Pappkoffer, den er auf den Knien festhält.

Er merkt, dass ich ihn fixiere. Er steht auf und kommt auf mich zu.
„Haben Sie kein Gepäck?", fragt er. „Dann können Sie mir vielleicht behilflich sein, meinen Rucksack in Hamburg zu tragen?"
Er zeigt auf einen prallen Rucksack, der neben der Bank lehnt.
Natürlich werde ich dem ehemals eleganten Herrn seinen Rucksack ein paar Schritte tragen. Wer weiß, was er sonst noch für interessante Geschichten mit sich herumträgt.

Aber ich werde enttäuscht. Er trägt keine Geschichte mit sich herum. Wir reden nur über den schönen Sommerabend, über die Lebensmittelrationen und die Eisenbahnprobleme. Dann pfeifen die Bahnbeamten zum Einsteigen. Es soll weitergehen.

Eng zusammengedrückt stehen wir zwischen den Bänken. Der Rucksack liegt zwischen uns, den Koffer hat der Herr in der Hand. Er will ihn mir nicht geben, obwohl ich ihn gut auf eine Ecke des Gepäcknetzes stellen könnte.

Kurz hinter Bergedorf beugt er sich zu mir herunter und sagt leise, dass im Koffer einige für ihn sehr wertvolle Dinge seien, die er auf keinen Fall verlieren dürfe. Wirklich sehr, sehr wertvolle Dinge, raunt er mir zu. Daraufhin hebt er sehr langsam und vorsichtig den Deckel des Koffers einen Spalt an, sodass niemand außer mir sehen kann, was in dem Koffer ist. Und was sehe ich?

Eine Ladung Tinnef, wie ich sie aus der Damenabteilung bei Woolworth kenne: Ringe mit Glasperlen, eine Zigarettenspitze aus Plastik, eine silbern glänzende Kette, auch mit Glassteinen bestückt, und viele kleine schwarze, mit Samt bezogene Kästchen, in denen sonst wohl teure Füllfederhalter mit Goldfeder aufbewahrt werden. Daneben liegt eine dicke, klotzige Armbanduhr und noch mehr von solchem Schnickschnack.

„Alles echt", raunt er mir zu. „Ich muss das alles zu meinem Kompagnon nach Hamburg bringen. Es ist unser ganzes Vermögen."

Ich weiß nicht, was ich von diesem Herrn halten soll. Entweder ist er balla balla und aus einem Irrenhaus getürmt, oder er hat im Krieg was am Kopf mitgekriegt oder fährt tatsächlich mit einem Vermögen im Pappkoffer von Berlin nach Hamburg.

„Ich vertraue fest auf Sie", sagt er noch, klappt dann seinen Pappkoffer vorsichtig wieder zu und stellt ihn hinter den Rucksack, sozusagen unsichtbar für die gedrängt stehenden Mitreisenden.

Hauptbahnhof – ein wüstes Gedränge hebt an. Gepäck wird hin und her gehoben, Kinder schreien nach der Mutter, ein amputierter Invalide schimpft: „Passen Sie doch auf!" Jemand greift nach meinem Rucksack – versehentlich, nehme ich mal an, denn er gibt ihn mir sofort zurück, als ich ihm meine Faust zeige.

Der Herr mit seinem Koffer hat es schneller geschafft, aus dem Zug zu kommen. Er steht schon auf dem Bahnsteig und winkt mir zu. Ich winke zurück und dränge zu ihm.

Der Strom der Reisenden treibt uns zur Treppe, er geht vor mir her.

Wir sind schon fast oben, da schreit eine Frau unten auf dem Bahnsteig: „Haltet den Dieb! Haltet ihn, er hat meinen Koffer! Haltet den Dieb – den da!" Mit dem Zeigefinger deutet sie direkt auf uns.

Ich fühle mich nicht angesprochen und gehe langsam, fast schon geruhsam mit dem Strom der Menschen die Treppe hinauf und wundere mich ein bisschen, dass die Kofferdiebstähle selbst in diesen harten Zeiten noch nicht abgenommen haben.

„Los, kommen Sie, schnell!", kommandiert der Herr und drängt die Leute auf der Treppe zur Seite.

Wieso denn, denke ich, fasse aber meinen Rucksack fester und stolpere hinter ihm her.

„Haltet den Dieb!", kreischt die Frau wieder und wieder und zeigt auf ihn. Die Leute auf der Treppe bleiben überrascht stehen und machen der schreienden Frau unwillig Platz.

Mein Herr fühlt sich offenbar doch angesprochen, denn er versucht schneller nach oben zu kommen. Die Frau drängt sich schreiend durch die Menschen, schubst sie beiseite und kriegt ihn oben an der Treppe an seinem kaputten Ärmel zu fassen. Er will sich losreißen, aber einige Männer, die dicht bei ihm stehen, kommen der Frau zur Hilfe und halten ihn fest. Die Frau, noch außer Atem von ihrem Geschrei und ihrem Drängeln durch die Menge, zeigt auf seinen Koffer und schreit, das sei der ihre.

Mein Herr denkt wahrscheinlich an seinen Tinnef-Kram im Koffer und will die Flucht ergreifen. Das geht aber nicht, weil ein englischer Militärpolizist in der Nähe die Situation sofort richtig erkannt und eingeschätzt hat. Mit einem Sprung ist er bei uns und nimmt ihn fest. Die Frau zeigt auf den Koffer und schreit, sie wolle ihn zurückhaben, sofort!

Nun schreit auch der Herr in den sich entwickelnden Tumult, dass dies sein Koffer sei und er ihn nicht hergeben werde.

Der Engländer, der eine Prügelei aufkommen sieht, ist ein kluger Polizist, denn er brüllt nun in die Menge: „Shut up", und dann hinterher ein Wort, das er wohl in seinem Deutschunterricht in der Kaserne gelernt hat: „Schnoazi!!" Das wirkt, denn sie haben verstanden, dass es „Schnauze" heißen soll. Alle sind still.

„You wait here", blafft er und drückt uns fest gegen das Treppen-geländer. Mein Herr ist außer sich. Ich glaube, er dreht durch. Er redet und redet, übrigens in fließendem Englisch, auf den Eng-länder ein, dass dies alles nur ein Missverständnis sei, er Termine habe, das natürlich sein Koffer sei und die Frau eine Verbrecherin, die nur seinen Koffer rauben wolle.

Der Engländer schnauzt ihn noch mal an: „Shut up, you Irgend-was!" Das Schimpfwort, das wie „Irgendwas" klingt, kenne ich nicht. Es ist wohl really british. Wahrscheinlich bedeutet es „you fucking bastard".

Die Frau ist völlig außer Atem, aber froh, dass sie ihren Koffer jetzt doch noch zurückbekommen wird.

Ich mische mich ein, weil ich ja weiß, dass der Koffer in der Hand des Herrn wirklich sein Koffer ist. Aber der Engländer schnauzt jetzt auch mich an und nennt auch mich einen „Irgendwas". Ich verstehe es wieder nicht.

Dann im lauten, englischen Kommandoton an alle: „Shut up!" Da sind alle wieder still. Auch der Herr, der sich erschöpft und leichenblass an das Geländer lehnt.

Dann fragt der Tommy die Frau, was die matter sei.

Die erklärt wortreich auf Bayerisch, dass sie aus Berlin käme, von ihren Kindern, und von denen hätte sie diesen Koffer, in dem ihr Reiseproviant sei, was der Herr wohl stehlen wolle.

Der englische Soldat, im Zivilberuf wohl Kriminalbeamter, er-kennt die Situation und löst sie, indem er mit einem Handgriff den Kofferdeckel aufreißt.

Nicht immer kann man so bequem reisen wie unser Herr Wilkens in einem richtigen Zug mit Personenwagen, Dach und Fenstern. Oft gibt es nur offene Güterwagen. Reisen in diesen Primitiv-Zügen über Hunderte Kilometer sind keine Seltenheit. Auf diesem Bild kommt gerade ein Zug im Hamburger Hauptbahnhof an. Die Fahrgäste haben sicher stundenlang in den offenen Güterwagen gestanden.

Ich sehe aus dem linken Augenwinkel heraus, wie mein Herr den Koffer und das Geländer loslässt und ohnmächtig zu Boden sinkt. Der Engländer lässt uns alle in den Koffer gucken. Man sieht ein halbes Schwarzbrot, ein Stück Wurst in fettiges Papier gewickelt und einen Haufen schmutziger Wäsche.

„Na!", sagt die Frau triumphierend, „hob i recht!" und klappt den Koffer wieder zu. Das sei wohl eine Verwechslung, meint sie etwas ruhiger geworden. Denn da unten auf dem Bahnsteig stehe noch ein Koffer, der so ähnlich aussehe wie ihrer. Den hat keiner mitgenommen.

Die Frau geht mit ihrem Wurstkoffer davon, der Tommy grinst, und die Menge zerstreut sich.

Ich helfe dem geschockten Herrn beim Aufstehen. Wir gehen langsam, er sehr schwerfällig, die Treppe wieder hinunter auf den Bahnsteig. Da steht wirklich der Koffer. Ich mache ihn auf. Der ganze Klöterkram ist noch drin.
Der Herr fällt zum zweiten Mal in Ohnmacht. Ich setze ihn auf den Bahnsteig und warte, bis er wieder zu Sinnen kommt.
Dann schlurfen wir zusammen mit Koffer und Rucksack zur S-Bahn, und ich bringe ihn zu seinem Freund und Kompagnon nach Poppenbüttel.
Es war übrigens der Juwelier Wilkens, der an diesem Morgen seinen Firmensitz von Berlin nach Hamburg verlegte. Seine große Wohnungseinrichtung am Kurfürstendamm, sein Geschäft und sein Firmenvermögen brachte er an diesem schönen Herbstsonnentag in einem Pappkoffer von Berlin nach Hamburg.

Da hatte ich doch noch eine gute Geschichte bekommen.

Kneipen, Theater, Kino! Alles boomt

Es geht weiter, aber immer ein bisschen knapper als zuvor. Zu essen gibt es nicht genug, selten ist es warm. Die Klamotten sind alt und verbraucht. Neue Mäntel, Anzüge, Kleider oder Unterwäsche gibt es kaum, und wenn, dann nur auf Bezugsschein. Es fehlen neue Fahrräder, Regenschirme, Schultaschen, Bücher, Füllfederhalter und viele andere Kleinigkeiten, die unwesentlich zu sein scheinen, aber jetzt, wo es sie nicht mehr gibt, die Lebensqualität doch erheblich mindern.

Auch die bürgerliche Vergnügungsindustrie hat sich von dem verlorenen Krieg noch nicht wieder richtig erholt, mit Ausnahme der Reeperbahn. Schon bald nach Ankunft der Engländer machen die ersten Kneipen und Clubs wieder auf. Mädels und Frauen an den Ecken der David- und Talstraße, im Silbersack und an der Reeperbahn sorgen wie früher für das besondere Vergnügen. Nur wird jetzt überwiegend Englisch gesprochen, was aber dem Vergnügen keinen Abbruch tut.

In der berühmten Davidwache sitzt jetzt neben den deutschen Polizisten auch ein Kommando der britischen Militärpolizei. Das ist für sie eine wichtige Hilfe bei den Schlägereien zwischen Seeleuten, Zuhältern, Schwarzmarkthändlern und englischen Soldaten, die immer wieder im Rotlichtbezirk auftauchen, obwohl fast alle „Gaststätten" für sie Off-Limits sind, also verboten.

In der Innenstadt gibt es eigentlich nur das Café Hübner an der Ecke Neuer Wall und Poststraße, wo die Hamburger Damenwelt gepflegt ihren Muckefuck-Kaffee und Pfefferminztee genießen kann.

Ich interessiere mich weder für die Damenwelt und ihre Treffpunkte in Cafés noch für die roten Laternen und die Frauen darunter. Auch nicht für Fußball, der schon wieder viele Gemüter erhitzt, obwohl es noch keine richtigen Ligaspiele gibt. Auch die Theaterwelt ist nicht meine Welt, obwohl hier das Angebot erstaunlich vielfältig ist. Allerdings, so merke ich bald, gibt es nur Plätze in der Mitte des Saals oder weiter hinten. Die kosten auch

Kneipen, Theater, Kino! Alles boomt

nur wenig, nämlich zwei Zigaretten oder zwölf Reichsmark. Plätze weiter vorn gibt es nur für Leute, die viele Reichsmark oder Beziehungen zur Kultur-Schickeria haben. Ich habe keine und muss deswegen in der Mitte oder weiter hinten sitzen.

Da fühle ich mich nicht besonders wohl, denn von der Mitte des Saals aus gesehen sind die Figuren auf der Bühne reichlich klein. Ich verstehe zwar die Dialoge gut, denn die Schauspieler sprechen laut und deutlich. Auch die Gesten kann ich gut erkennen und meistens auch deuten. Aber ein Gesicht ist selten größer als eine Erbse in der Suppe. Ein bedeutungsvolles Lächeln oder auch tiefgreifende Verzweiflung, angedeutet mit einem Zucken des Mundwinkels, verschwindet auf dem Weg von der Bühne zu mir im Halbdunkel des Saals. Das ist frustrierend, besonders wenn ich lange in irgendeiner Schlange vor der Theaterkasse auf ein Billet gewartet habe. Und wohliges Eintauchen in die Handlung, die sich dort abspielt, ist nicht möglich, weil eben die Gesichter fehlen oder nur schlecht zu erkennen sind.

So komme ich beinahe automatisch zum Kino, denn im Kino ist alles besser. Angefangen beim Kauf der Eintrittskarte ohne Schlange oder nur mit einer kleinen Schlange. Der Eintritt kostet auch nur eine halbe Zigarette, und es ist schön warm, weil viele Leute im Kino dicht neben mir sitzen und mich ihre Körperwärme umfängt.
Und auf der Leinwand gibt es, im Gegensatz zur Theaterbühne, reichlich was zu sehen. Weite Landschaften mit gewaltigen Wolkenbergen darüber, stürmische See mit überbordenden Wellen, untergehende Schiffe, manchmal einen Waldbrand oder einen richtig schlimmen Autounfall mit Toten und energischen Polizisten. Großaufnahmen von schönen Frauen in schönen Kleidern mit wunderbaren großen, verführerischen Augen und deutlich erkennbaren zuckenden Mundwinkeln, wenn es dafür einen Grund gibt. Hin und wieder sind auch böse Blicke zu sehen, mit Fingern am Abzug eines Revolvers, in Groß.

Aber das Wichtigste im Kino wie auch auf der Bühne sind natürlich die Geschichten, die erzählt werden.

Jeder Film ist eine zweistündige Abreise in eine schönere und heilere Welt. Vergessen sind die Ruinen draußen vor dem Kino. Es gibt in den Filmen reichlich zu essen, alle Leute sind vernünftig und benehmen sich in ihrer heilen Welt auf der Leinwand ganz wie im Frieden. Selbst die schnulzigsten Liebesgeschichten werden genossen, denn sie sind wie ein Ausflug in eine bessere Welt.

Aber schon bald langweilt mich die große und angeblich schöne Welt auf der Leinwand. Filme wie „Die Frau meiner Träume", mit den „Rosen in Tirol" oder dem „Bad auf der Tenne", der „Romantischen Brautfahrt", dem „Weißen Traum" oder dem „Tanz mit dem Kaiser" sind öde, und so suche ich Filme, die mir nicht nur die glanzvolle Kinotraumwelt vorführen. So wie die Nazis Filme als „Opium für das Volk" benutzten, sind diese Filme auch ein Betäubungsmittel für die Überlebenden des Zweiten Weltkriegs, die oft nicht nur ihre ganze Habe, sondern auch ihre Träume verloren hatten.

Bei einem Spaziergang über die Schuttberge an der Esplanade finde ich das alte Waterloo-Kino, ziemlich zerbombt, aber es funktioniert noch. Das Dach ist provisorisch repariert, und es riecht muffig, weil es im Krieg ein paar Mal gebrannt hat. Aber die Projektion läuft einwandfrei, und auch die Flecken auf der Leinwand, wohl durch das Löschwasser entstanden, stören den Filmgenuss eigentlich nicht.

Wirklich interessant ist das Programm.

Es werden Filme gezeigt, von deren Existenz und Qualität ich nur gelegentlich im Radio gehört habe; viele kenne ich von den Zeitschriftensammlungen der englischen und amerikanischen Kulturhäuser.

Das Wunderbarste im Waterloo sind die OmU-Filme, das heißt „Original mit deutschen Untertiteln". Von den Besatzern sind

Das Waterloo-Kino in der Nähe des Dammtors von innen, wenige Tage nach Kriegsende. Mit primitiven Mitteln, oft mit Material, das sie aus den Trümmern holen, beginnen die Kinoleute mit dem Wiederaufbau.

diese Filme wohl als Notbehelf gedacht, weil man davon ausgeht, dass die englische Sprache nur von ganz wenigen Kinogängern verstanden würde. Doch viele Hamburger nutzen die Gelegenheit, um nicht nur ihre Sprachkenntnisse zu verbessern und ihren Sprachstil zu polieren, sondern vor allem um das Leben, von dem sie mehr als ein Jahrzehnt abgeschnitten waren, zu betrachten.

Programmschwerpunkte sind hauptsächlich die anglo-amerikanischen Filme wie „Brief Encounter", „The Seventh Veil", „The Wicked Lady", „It Started with Eve", „The Man in Grey" oder „Gaslight".

Kurz danach kommen auch die französischen Filme, die ich oft gleich zweimal ansehe, weil sie mich so berühren. Unvergesslich ist mir „Un Carnet de Bal" von Julien Duvivier. Ähnlich geht es mir mit den „Kindern des Olymp" von Marcel Carné mit Jean-Louis Barrault, Pierre Brasseur, Maria Casarès und der wunderbaren Arletty.

Der erste deutsche Nachkriegsfilm, „In jenen Tagen", hat hier im Juni 1947 seine Premiere. Kleine Anekdote am Rande einer anderen Waterloo-Premiere: Gezeigt wurde im Sommer 1947 der Film „Ehe im Schatten" von Kurt Maetzig. Als der Kinobesitzer, ein Herr Heisig, hörte, dass Veit Harlan (der Regisseur von „Jud Süß") mit seiner Frau Kristina Söderbaum im Kino sitze, holte er die beiden während des Vorprogramms aus dem Kinosaal und warf sie hinaus.

Wir, das Waterloo-Publikum, sind dankbar, als im Gefolge der OmU-Filme auch die ersten neuen deutschen Filme im Programm auftauchen: „In jenen Tagen", „Ehe im Schatten" und „Die Mörder sind unter uns", ein Film von „drüben". Es ist einer der ersten DEFA-Filme aus Babelsberg, aus der sowjetischen Besatzungszone. Auch ältere Filme wie „Romanze in Moll", „Münchhausen" oder „Große Freiheit Nr. 7" sind inzwischen dem Ruch des seichten Nazi-Films entkommen und werden vermehrt auch in normalen Stadtteil-Kinos gespielt.
Für mich rückt dadurch das „Atrium" in der Langen Reihe an die Stelle des Waterloos.

Es liegt dicht am Hauptbahnhof und ist für mich leichter zu erreichen, denn ich brauche jetzt nicht mehr von der Aumühler Dampfbahn in die elektrische S-Bahn umzusteigen und zum Dammtor zu fahren. Außerdem ist das Atrium eines der wenigen Kinos, das den Bombenkrieg völlig unversehrt überstanden hat. Wie in Friedenszeiten steht der Kinochef in einem tadellosen Anzug am Eingang, kontrolliert die Eintrittskarten und „entwertet" sie, indem er einen kleinen Schnipsel von der Karte abreißt. Eben wie im Frieden. Mich erinnert er jedes Mal, wenn ich meine Karte vorzeige, an den eleganten Direktor bei Jurid in Glinde mit seinem eleganten Anzug in seinem eleganten Büro.
Überhaupt ist die Lange Reihe eines der interessantesten Viertel im Nachkriegs-Hamburg. Neben dem Atrium gibt es eine ganze Reihe von Kneipen, die alle den Krieg ohne große Schäden überstanden haben. Das ist umso erstaunlicher, als der Hauptbahnhof, quasi um die Ecke, von vielen Bomben getroffen wurde und total ausgebrannt und zerstört ist.

Hier ist ein Vergnügungsviertel entstanden, wo ich zwischen dem Vorstellungsende im Atrium und der Abfahrt des nächsten Zuges gern ein dünnes Bier trinke. Wenn ich mir etwas Besonderes gönnen will, gehe ich auf einen Pfefferminztee ins Café Gnosa am Ende der Langen Reihe. Da bin ich vor dem Krieg oft mit meinem

Vater gewesen, Schokolade trinken und Sahnekuchen essen. Auch hier ist der Krieg erfolglos vorbeigerast, und alles ist wie früher, nur Schokolade und Bonbons gibt es nicht mehr.

Die Restaurants auf der anderen Seite des Hauptbahnhofs zähle ich nicht mit, weil es sich dort nur um regensichere Aufenthaltsräume handelt, die kalt und ungemütlich sind, oft nur mit bombengeschädigtem Mobiliar ausgestattet. Zu essen gibt es lauwarme, dünne Suppen, Pellkartoffeln mit gekochtem Fleisch in einer klebrigen Mehlsoße und für Magenkranke eine fleischbrühige Nudelsuppe. Das Essen kostet nicht nur Geld, es müssen auch Lebensmittelmarken abgegeben werden, oft mehr Fleischmarken, als man dafür Fleisch bekommt.

Beschwerden nützen nichts. Als Resultat kommt oft ein bullig aussehender Barkeeper und fragt, ob er mal was helfen solle, und wem das Essen nicht gefiele, der könne es ja zurückgeben.

Auf einem meiner ersten Spaziergänge durch die Stadt sehe ich, dass das Tarnnetz, unter dem der Hauptbahnhof vor den Bombern versteckt worden war, immer noch nicht ganz abgebaut ist. Das stört aber niemanden. Der Zugverkehr läuft inzwischen wieder verhältnismäßig normal.

Kneipen, Theater, Kino! Alles boomt

Das Einzige, was reichlich fließt, ist Bier in seiner schönsten lauwarmen Form und ein rotes, warmes Wasser, das Heißgetränk genannt wird. Es ist aber nicht rot von Technicolor, sondern mehr ein Produkt der IG Farben, was auch schon an seinem chemischen Geruch zu erkennen ist.

Verständlicherweise haben die Restaurantbesitzer wenig Interesse, ihren Laden verbraucherfreundlich zu organisieren, denn jeden Morgen spülen die Nachtzüge neue Ankömmlinge, Hunderte von Reisenden nach Hamburg hinein, und ihr erster Erholungsort nach einer anstrengenden Nachtfahrt sind die wenigen Restaurants in Hauptbahnhofnähe. Für die Restaurantbesitzer ist es leicht verdientes Geld, das man den erschöpften und oft verschüchterten Reisenden abnehmen kann.

Eine zusätzliche Einnahmequelle bieten die Toiletten. Hier wird Schnaps gehandelt, meistens Rübenschnaps, 60 Reichsmark oder zehn amerikanische Zigaretten pro Flasche. Die edleren und teureren Sorten wie Eierlikör und Wodka aus der russischen Zone kosten oft das Doppelte oder sogar das Dreifache des Rübenschnapses.

Getrunken wird aber selten auf den Klos. Denn wer betrunken in die Pissoirs fällt, muss damit rechnen, ausgenommen zu werden. Dabei geht es weniger um Geld, sondern vielmehr um Schmuck, den einige aus Sicherheitsgründen am Körper tragen, und um warme Kleidung wie Mäntel oder Pullover. Wenn so ein Bestohlener Stunden später frierend aus seinem Rausch erwacht und alles Wichtige weg ist, kann er nur zur Polizeiwache torkeln, gleich um die Ecke in der Kirchenallee. Die Beamten verladen ihn dann in den nächsten Lastwagen, mit dem er in ein Auffanglager außerhalb der Stadt gefahren wird.

Im Laufe des Tages zerstreuen sich die Reisenden. Entweder reisen sie weiter oder werden von ihren Hamburger Verwandten oder Bekannten abgeholt. Viele lassen sich auch vom Arbeiter-Samariter-Bund, dem Roten Kreuz oder der Polizei in Notunterkünfte außerhalb des Stadtzentrums einweisen.

II. TEIL

Der 2. Akt der Operette

„Die Fledermaus"

von Johann Strauß

Auftakt:
Ouvertüre aus der Operette „Die Fledermaus"

Das Spiel:
Ein Gartenfest im Palais des Prinzen Orlofski.

Die Darsteller:

Gabriel von Eisenstein . . . . Rupert Glawitsch
Rosalinde, seine Frau . . . . Hildegard Lorenz
Prinz Orlofski . . . . Fritz Göllnitz
Dr. Falke, Notar . . . . Peter Markwort
Adele, Kammermädchen Rosalindes . . . Eva Sommer
Ida, Schwester Adeles, Tänzerin . . . . . Trudi Strate
Frank, Gefängnisdirektor . . . . Hans Herbst
Iwan, Kammerdiener des Prinzen . . . . Henry Ohle
Damen und Herren, Tänzerinnen, Bediente

Einlagen:

Das Chiantilied, gesungen von . . . . Rupert Glawitsch
G'schichten aus dem Wiener Wald . . . . . Die Tanzgruppe
Solotanz: Edith Wiegand, Günther Preuß
Tscherkessentanz . . . . . Charlotte Dalys mit ihrer Tanzgruppe
Straußpolka . . . . getanzt von Else Auler — Kurt Claus v. Merz

Das Beste ist wieder mal das Theater: Hier ein Programmzettel des zweiten Akts der Operette „Die Fledermaus" von Johann Strauß, aufgeführt in Hagenbecks Zeltbau auf der Moorweide mit Genehmigung der Militärregierung.

Hinter dem Schauspielhaus, in einer alten Schule, ist eine Melde- und Sozialstelle eingerichtet. Hier strandet das Nachkriegselend vornehmlich. Wer nicht weiterweiß, schleicht üblicherweise zum Hauptbahnhof. Dort, so erzählt man sich auf den Straßen, gebe es noch am ehesten Hilfe. Wobei unter Hilfe nicht Geld, sondern etwas zu essen und eine Liegestatt auf irgendeinem Betonfußboden zu verstehen ist. Oft mit einem Dach darüber.

Dieses Elend berührt mich wenig. Es ist Nachkrieg, und da ist dieses Elend eben normal. Natürlich will man gern helfen, am liebsten überall. Aber womit und wodurch? Selbst die Pastoren wissen oft nicht, wie sie helfen sollen. Sie können meistens nur geistliche Hilfe anbieten, und die ist den meisten zu wenig.
So verdrängen wir das Unglück, das so viele getroffen hat, und versuchen das Beste aus unserem Dasein zu machen, mit der Devise: „Wir sind noch einmal davon gekommen. Carpe diem."

Ina wird wegen eines geliehenen Schlüpfers gefeuert!

Eines Abends, als ich aus Hamburg auf dem Aumühler Bahnhof ankomme, sitzt auf dem Bahnsteig das Nachbarmädchen Ina auf einem großen Pappkarton. Sie weint herzerweichend, und als ich sie frage, was denn los sei, kann sie gar nicht antworten. Groß ist der Kummer. Kaum dass sie Luft holen kann und natürlich auch nicht sprechen.

Bruchstückweise höre ich von ihrem Desaster. Sie hat durch Zufall ihren alten Freund wiedergetroffen, von dem sie glaubte, er sei 1943 in einer Bombennacht ums Leben gekommen. Da hätten sie sich so sehr gefreut und sich für den Abend verabredet, dem ersten seit Jahren. Und weil Ina für ihren Freund besonders hübsch sein wollte, habe sie sich von der Hausfrau, die sie 1945 in ihrer großen Not hilfsbereit als Waise aufgenommen hatte, heimlich etwas Unterwäsche geborgt, nur ein Unterkleid und einen Schlüpfer. Und das habe nun die Hausfrau gemerkt und sie sofort rausgeschmissen, weil sie ja ihre Unterwäsche für den Freund angezogen habe.

Mein Gott, welches Ungluck und welche idiotische Reaktion wegen einer solchen Lappalie. Natürlich ist es nicht schön, wenn jemand anderes seine Unterwäsche anzieht. Aber in diesen Zeiten? Wie kann man ein Mädchen, das niemanden mehr hat, wegen so einer Unbedachtheit auf die Straße setzen?

Ich versuche an dem Abend zu vermitteln. Keine Chance. Die Nachbarsfrau bleibt hart. Das Mädchen muss weg.

Von Ina habe ich nie wieder etwas gehört. Sie ist nach Hamburg gefahren und dort wohl auf dem Hauptbahnhof untergegangen.

Ina wird wegen eines geliehenen Schlüpfers gefeuert!

Der todbringende Winter 1946/47

Der erste Winter, den ich wieder in Deutschland miterlebe, ist der von 1946 auf 1947. Es herrschen Temperaturen von minus 20 bis 25 Grad über Wochen hinweg bis weit in den März. Dies ist für viele das Ende. Es gibt kaum etwas zu essen und so gut wie nichts zum Heizen. Die Kindersterblichkeit ist viermal so hoch wie vor dem Krieg. Nachts werden Polizeiposten in Lebensmittelgeschäften und vor allem in Bäckereien aufgestellt. Die Militärverwaltung ordnet an, dass die Bäckerläden keine Brote mehr in die Schaufenster legen dürfen. Solche absurden Anordnungen zeigen die Hilflosigkeit der Verwaltung.

Was die englischen Soldaten und die Polizei nicht verhindern können, ist die Kohlenklauerei. Hauptsächlich nachts kommen die Kohlenzüge aus dem Ruhrgebiet auf den Verschiebebahnhöfen in Harburg und Wilhelmsburg an.

Dort werden sie von Hunderten Kohlenklauern, meist Kindern, erwartet, die auf die langsam einrollenden Waggons springen und die Kohlen auf die Gleise hinunterwerfen. Unten stehen die Freunde, manchmal auch die Eltern, sammeln die Kohlen in Säcken ein und laufen davon, denn es dauert oft nur wenige Minuten, bis die Polizei auftaucht und versucht, die Kohlendiebe zu verhaften. Aber die meisten Kohlenklauer entkommen.

Ein schreckliches Unglück geschieht auf dem Güterbahnhof in Wilhelmsburg. Ein Kriegsversehrter gerät auf der Flucht vor der Polizei mit seinen Krücken in eine Weiche und kann sich vor den langsam anrollenden Waggons nicht mehr retten. Er wird überrollt und stirbt vor den Augen seiner Freunde.

Schulen und Behörden bleiben geschlossen. Der Eisenbahnverkehr wird fast überall eingestellt. Viele Fabriken müssen schließen, weil sie keine Kohlen mehr haben. Arbeiter und Angestellte bleiben zu Hause in ihren eiskalten Wohnungen. Meine Großmutter wohnt praktisch von Weihnachten bis Mitte März im Bett, also bis etwa Ostern. Uns geht es allerdings ganz gut, mit dem Sachsenwald vor der Haustür. Er ist unser Kohlenkeller.

Kohlenklauer bei der Arbeit. Bis zu 20 Prozent werden manchmal die Kohlenzüge leichter, bis sie in Hamburg ankommen, denn nicht nur hier, sondern auf der ganzen Strecke vom Ruhrgebiet bis zum Güterbahnhof in Wilhelmsburg müssen die Lokführer ihre Züge durch ein Spalier von Kohlenklauern ziehen.

Die Kälte weicht nicht. Noch am 12. März ist es abends minus 13 Grad kalt. Das Wellblech der Nissenhütten ist dünn wie eine Zeltplane. Zur Isolierung gegen die Kälte nageln die Leute Persenninge an die Wände. Gelegentlich finden sie noch Lumpen in den Trümmern, die man auch an die Wände hängen kann, wenn man sie nicht lieber verfeuert. Manchmal finden Nachbarn, Gemeindehelfer oder auch Schulkinder am Morgen Bewohner in den Nissenhütten, die erfroren sind.

Viele Straßenbäume sind abgeholzt. Auf dem Ohlsdorfer Friedhof und im Stadtpark patrouillieren Polizei und Militärstreifen, um das heimliche Fällen von Bäumen zu verhindern.

Die Mönckeberg-
straße im Winter
1946/47. In jedem
Laden steht ein
kleiner Blechofen,
der mit Trümmer-
holz beschickt wird
und einen eigenen
Rauchabzug hat,
der durch Fenster
oder Türen nach
draußen führt. Das
Ofenrohr, oft selbst
gemacht aus Re-
genrohren, passt
selten in die vorge-
sehene Öffnung. So
bleibt der Qualm in
den Räumen und
macht das Atmen
schwer. Kein Wun-
der, dass es ewig im
Hals kratzt und
dass die Kleidung
ständig nach
Schornstein riecht.

Starker Frost von minus 25 Grad ist in diesem Winter keine Seltenheit und bringt die Wasserleitungen zum Platzen. Deswegen
gibt es kaum noch Trinkwasser. Auch die Abflussrohre frieren zu.
Die Leute kochen mit dreckigem Wasser. Oder mit Schnee. Weil
oft die Toiletten nicht mehr funktionieren, gehen die Leute in die
Trümmer und verrichten dort ihre Notdurft. Als es schließlich
taut, stinken ganze Stadtviertel bestialisch. Wegen der mangelnden Hygiene werden die Leute krank.

Die Erfrorenen können nicht beerdigt werden. Die Erde ist stein-
hart gefroren.
Es gibt auch keine Särge mehr. Die Toten werden in großen Pa-
piertüten bis zum nächsten Tauwetter aufbewahrt.
Die Kirchen geben zwar Trost und Zuversicht, aber wirksam helfen können sie nicht. Gottes Wort genügt den Hungernden und
Frierenden nicht.

Der todbringende Winter 1946/47

Ein Kronleuchter stürzt ab –
im Dammtorbahnhof

An einem Sonntagnachmittag gibt es ein weiteres entsetzliches Unglück, diesmal im Dammtorbahnhof. Im voll besetzten Wartesaal der zweiten Klasse löst sich der große Kronleuchter und stürzt auf die Wartenden, die Schutz vor der Kälte suchten und sich nur aufwärmen wollten. Ein Mann wird erschlagen. Es gibt über 30 Verletzte.

Ich war nicht dabei und erfahre von dieser Katastrophe nur vom Hörensagen, wie die meisten Hamburger. In den vier Zeitungen, die in reduzierter Auflage nur dreimal in der Woche erscheinen dürfen, steht darüber nur eine Notiz von wenigen Zeilen.

Die heutige Informations- und Unterhaltungsindustrie hätte aus diesem Ereignis sicher etwas ganz Großes gemacht und die Stadt über Tage in Atem gehalten.

So viel Aufmerksamkeit gab es damals nicht. Die Hamburger hatten mit der Bewältigung ihres eigenen Unglücks alle Hände voll zu tun.

Das eigene Unglück ist zu allen Zeiten immer das Wichtigste.

Die Rettung: Der Schwarzmarkt, Care-Pakete und die Schulspeisung

Zum Glück funktioniert der Schwarzmarkt ganz gut und bewahrt viele Leute vor dem Schlimmsten. Doch für viele sind die Preise, bei einem Stundenlohn von circa 1,20 Reichsmark, unerschwinglich.

Für ein Brot, schätzungsweise 1500 Gramm, werden 70 Mark bezahlt, für ein Pfund Butter 250 Reichsmark. Ein Kilo weißer Zucker kostet 110, gelber Zucker dagegen „nur" 85 Mark. Einen Zentner Kartoffeln gibt's für 140, Rindfleisch pro Kilo für 65 Mark. Pferdefleisch ist mit 45 Mark billiger, aber Schweineschinken kostet unglaubliche 180 Reichsmark.

Für einen Zentner Kohlen, meistens Briketts, muss man 270 Reichsmark bezahlen. Ein Pfund Kaffee ist 600 Mark teuer. Tee kostet 100 weniger. Für eine Zigarette, das ist eine Art Ersatzwährung, werden sechs Mark geboten und bezahlt. Für eine Monats-Lebensmittelkarte kriegt man 350 Mark. Manche Eltern verscherbeln die Lebensmittelkarten ihrer Kinder, um dafür Zigaretten oder Rübenschnaps zu kaufen.

Es wird auch viel gestohlen: Glühbirnen in Behörden oder bei der Eisenbahn, Holzbänke und Treppengeländer in Schulen zum Heizen.

Für uns in Aumühle, mit dem riesigen Sachsenwald hinter dem Haus, ist die Katastrophe nicht so schlimm. Wir gehen Holz sammeln. Etwas lästig: Man kann im tiefen Schnee die trockenen Äste kaum erkennen.

Einmal ertappen wir Holzdiebe, die bei einem Lastwagen-Spediteur am Dorfrand Kleinholz stehlen. Als wir sie entdecken, laufen sie davon. Einen mit kleinen Holzstücken gefüllten alten Seesack verlieren sie auf ihrer Flucht.

Die kleinen Holzstücke sind für die Lastwagenfahrer der neue Treibstoff. In einem großen, ofenartigen Kessel hinter dem Führerhaus wird jeden Morgen mit den Holzstückchen ein kleines Feuerchen zu einem Schwelbrand entfacht.

Das sich dabei in dem unförmigen Ofenkessel entwickelnde Holzgas wird durch ein Rohrsystem zum Motor in die Zylinder

Schwarzmarkt-razzia: Für viele arme, hungernde Leute ist so eine Kontrolle eine Katastrophe, wenn ihnen ihr kleines Stück Brot oder eine Tüte mit Fett weggenommen wird. Manchmal allerdings zeigen die Kontrolleure auch Herz und lassen sie laufen und ihr kleines Päckchen behalten. Nur wenn sie einen richtigen, großen Ganoven mit seinen Zigarettenstangen erwischen, wird er verhaftet und verurteilt. Aber die Großen fängt man selten. Sie sind zu raffiniert und schwer zu fassen.

geleitet, dort gezündet und treibt provisorisch die Maschine an. Der Wagen kann dann langsam fahren, bis der Schwelbrand kein Holzgas mehr entwickelt. Dann muss der Fahrer aussteigen und neue Holzstücke in den Ofenkessel werfen. Es ist wie ein Tankvorgang. Nur tankt er kein Benzin mehr, sondern Holz. Hat er kein Holz mehr, kann er nicht mehr fahren. Wenn man ihm also die kleinen Holzstückchen stiehlt, legen die Diebe ein wichtiges, oft das einzige Transportmittel lahm, das noch betriebsfähig ist.

Im Frühjahr 1947 bekommt meine Schwester von einem kirchlichen Hilfswerk im Gemeindebüro einen gebrauchten Kindermantel aus einer amerikanischen Kleiderspende. In der Manteltasche findet sie einen Adresszettel von einem Ronald Lengl aus Minnesota. Meine Eltern, überglücklich über das kleine Mäntelchen, schreiben einen Dankesbrief an diese Adresse. Einige Monate später kommt mit der Post ein großes Paket mit der geheimnisvollen Aufschrift CARE. Meine Mutter ruft uns in der Küche zusammen, um das Paket gemeinsam auszupacken.

Über die Hilfsorganisation CARE senden amerikanische Familien Millionen Nahrungsmittelpakete an private Anschriften ins hungernde Europa.

Und so kommt ein Paket auch zu uns.

Wenn ich die Augen schließe, sehe ich uns um den Küchentisch herumstehen. Wir schauen zu, wie meine Mutter lauter kleine Päckchen und Dosen mit geheimnisvollen Aufschriften hervor-

Der LKW mit dem polnischen Fahrer Kacmarek, der für die Familie Grassmann das mit der Bahn angelieferte Baumaterial vom Güterbahnhof in Friedrichsruh abholt.

Suppenausgabe im Keller einer ausgebombten Schule. Im Hintergrund ein Ofen, der diesen primitiven Speisesaal im Winter etwas wärmen soll, wenn es eine Zuteilung von Kohlen für die Schule gibt. Hier warten die Kinder auf ihre Lehrerin, die aus einem Eimer dünne Milchsuppe austeilen wird. In den Nachkriegsjahren sitzen zwischen 40 und 50 Schüler in einer Klasse. Da viele Schulen zerbombt sind, gibt es zu wenig Klassenräume und in vielen Stadtteilen Nachmittagsunterricht. Auch nazifreie Bücher sind Mangelware. Die Schüler müssen aufschreiben, was ihnen die Lehrer diktieren. Eine ganz spezielle Produktion von Schulbüchern.

zaubert. Jetzt lernt meine Familie Nescafé, Marsriegel, Trockenmilch und Corned Beef in Dosen kennen. Die Geschwister nehmen die Sachen vorsichtig in die Hand, betasten und beschnuppern sie – versuchen die englischen Aufschriften und die Gebrauchsanweisungen zu entziffern.

Meine Mutter steht fassungslos vor dem Küchentisch. Sie weint. Ihre Tränen tropfen in das offene Paket. Darin liegt auch ein Gruß von der Familie Lengl und ein Foto. Lange betrachten wir das Foto mit den für uns exotisch aussehenden Amerikanern. Gemeinsam schreiben wir dann einen Dankesbrief in die USA. Bis zur Währungsreform kommen danach immer wieder kleine Pakete mit Schokolade, Kaugummi und Kaffee. Dankbar sind wir für die Hilfe aus einer glücklicheren Welt, die wir Deutschen eigentlich verdammt hatten und vernichten wollten. Für immer ist sie in unser Gedächtnis gebrannt.

Das Schönste ist die Schulspeisung aus Schweden. Fast jeden Mittag wird sie an die Kinder verteilt. Wichtig für den Schulgang ist deswegen auch nicht Schultafel oder Kreide, sondern das Wehrmacht-Kochgeschirr, das Vater aus dem Krieg mitgebracht hat.

Die Lehrerin klopft kleine Beulen in die Kochgeschirre. So weiß sie genau, wie viel Suppe sie einfüllen darf. Niemand soll mehr bekommen als der andere. Das wenige Essen soll möglichst gleichmäßig und gerecht verteilt werden.

Ein Unikum sind die Unterrichtsmittel. Es gibt nämlich keine Schulbücher.

Nicht weil sie im Krieg verbrannt sind, sondern weil die Militärbehörden sie verboten und beschlagnahmt haben. Kein Schriftgut, was es auch sei, soll vom Nazi-Reich in unsere neue, demokratische Welt reichen. Das ist zwar verständlich und auch richtig, aber auch ein bisschen unpraktisch, denn jetzt diktieren die Lehrer den Stoff, der sonst in den Schulbüchern stand. Alle Kinder müssen Zettel mitbringen. Da meine Geschwister keine Zettel zum Mitschreiben haben, organisiere ich für sie ein paar Bogen Packpapier aus dem Gemeindebüro.

Die Rettung: Der Schwarzmarkt, Care-Pakete und die Schulspeisung

Endlich, das Berufsleben beginnt – und damit die Arbeitslosigkeit

Kartoffelklauen ist schließlich keine Lebensaufgabe. Einen richtigen Beruf brauche ich schon, auch wenn ich kein Abitur habe. Stellenanzeigen oder Angebote gibt es noch nicht, weil es noch keine richtigen Zeitungen gibt. Die Kommunikation funktioniert durch Weitersagen, Fragen, Herumhören, Klatsch und Tratsch und Zetteldienste. Das ist ein sehr guter Zeitungsersatz. Holzplanken oder noch relativ stabile Ruinen werden mit Nachrichten beschriftet, mit Angeboten und Gesuchen wie: „Suche Kinderwagen, biete Holz-Kommode."

Wichtig für Familien und Überlebende ist die Suche nach Verwandten oder Freunden. Da steht dann:
„Ernst, wir sind bei Tante Erna in Lünen" oder: „Dittmann's sind tot. Wir leben und sind bei Lieselotte in Billstedt".

Meine Eltern suchen über Freunde und Bekannte nach einer Arbeitsstelle für mich.
Ein Freund meines Vaters, Herr Albrecht, war vor dem Krieg Prokurist eines Schiffsmaklers im Hamburger Hafen gewesen. Er hatte bei einem Bombenangriff ein Bein verloren.
1943 lag er eine Nacht, einen Tag und wieder eine ganze Nacht unter einer eingestürzten Brücke, bis ihn ein Bombenräumtrupp zufällig fand. Dann hatte es noch einmal ein paar Stunden gedauert, bis sie ihn und sein zerschmettertes Bein mithilfe eines Wagenhebers unter den Brückentrümmern hervorholen konnten.
Nun humpelt er mit einem Bein und zwei Krücken als Materialverwalter durch eine große Lagerhalle, in der viele Köstlichkeiten der englischen Nachschub-Organisation NAAFI gelagert und verwaltet werden.
Diesen tollen Job hat er natürlich nur über Beziehungen bekommen.
Im Juni 1945 stand nämlich plötzlich sein alter englischer Freund Hamilton vor seiner Wohnungstür. Vor dem Krieg war Hamilton bei einem Schiffsmakler in London beschäftigt gewesen, und die beiden hatten sich damals oft gegenseitig besucht. Jetzt ist er als

Endlich, das Berufsleben beginnt – und damit die Arbeitslosigkeit

Auch in der Reichsmarkzeit gibt es eine Morgenzeitung, allerdings nicht auf Papier, sondern auf Holz und Stein geschrieben. Die Informationen kommen nicht aus Politik und Wirtschaft, sondern teilen den Lesern mit, was sie zum Überleben bekommen können. Das sind nicht nur Brot und Butter, sondern auch Klamotten, Arbeit und Wohnraum.

Kapitän der Royal Navy zurückgekommen und nun für den Betrieb des Hamburger Hafens verantwortlich. Keine Frage, dass der alte Freund sofort für einen guten Job sorgt und Herr Albrecht praktischerweise Verwaltungschef des NAAFI-Lagers in Bahrenfeld wird.

Für mich dagegen ist die Jobsuche nicht so einfach. Vater schickt mich zweimal in der Woche zu Herrn Albrecht, um dort vor den Lagerhallen herumzulungern, damit sich per Zufall vielleicht eine Chance ergibt. Aber nichts ergibt sich.

Eines Tages sehe ich, wie ein älterer Herr in einem weißen Kittel in einem Berg alter Verpackungskartons herumstöbert. Schließlich schleppt er einen großen Stoß Kartons davon, kommt aber gleich wieder und holt einen zweiten und dann einen dritten. Da ich nichts zu tun habe, biete ich ihm meine Hilfe an.

Er ist sehr misstrauisch. Erst als ich ihm erkläre, warum ich hier herumstehe, darf ich ein paar Kartons in seine kleine Werkstatt tragen.

Es ist der Schildermaler des NAAFI-Lagers. Er sucht in dem alten Verpackungsmaterial nach weißen, unbeschrifteten Kartons, die er als Untergrund für seine Preisschilder nutzen kann. Ich staune, dass die englische Armee als Sieger des Zweiten Weltkriegs auf alte Kartons als Preisschilder angewiesen ist.

Ist sie aber gar nicht, wie ich bald erfahre. Das Einsammeln der Kartons ist ein Trick. Der Alte nimmt die leeren Kartons nur mit, um sie genau zu durchsuchen, ob nicht der eine oder andere Keks in einer Kartonfalte hängen geblieben ist. Und das sind ziemlich viele, wie ich bald sehe.

Jedes Mal, wenn ich ins NAAFI-Lager zum Herumstehen komme, besuche ich meinen Preisschildermalerfreund. Und jedes Mal darf ich fünf oder sechs Kartons auf Keksreste durchsuchen,

Bei Kriegsende liegen im total zerstörten Hafen Hunderte Wracks in den Hafenbecken, und in einem großen Bunker warten noch mehrere U-Boote auf ihre Fertigstellung. Nach Räumung der Bunker werden sie 1947 von der Royal Navy gesprengt. Es dauert Jahre, bis alle Wracks gehoben und die Fahrrinnen wieder befahrbar sind.

Endlich, das Berufsleben beginnt – und damit die Arbeitslosigkeit

Die S-Bahn – hier ein Zug zwischen Sternschanze und Dammtor 1944 – ist das einzige Transportmittel, das während des ganzen Krieges fast problemlos funktioniert, im Gegensatz zur U-Bahn, die eine ganze Zahl von Strecken stilllegen muss. Die Strecke vom Hauptbahnhof bis Barmbek kann erst 1950 ihren Betrieb wieder aufnehmen.

was ich immer gern und gründlich mache. Bestimmt habe ich bei der Gelegenheit manchmal ein viertel oder halbes Pfund Kekskrümel gefunden und gegessen. Mir schmeckt sie sehr gut, diese süße, etwas staubige Pampe, die ich ohne jeden Widerwillen hinunterschlucke. Das Fett in den Keksen macht mich satt. Ich merke richtig, wie mein Körper die Kekspampe verdaut und Wärme freisetzt. Mit offenem Mantel gehe ich dann zurück zum S-Bahnhof Bahrenfeld und fühle mich gut.

Morgens gibt es für jeden in der Familie eine kleine Scheibe Brot. Einmal ist kein Brot mehr da. Gelegentlich passiert das. Es ist eben keins da. Punkt.
Ich fahre also an diesem Morgen praktisch ohne Frühstück nach Hamburg und steige im Hauptbahnhof in die S-Bahn nach Bahrenfeld. Plötzlich wird mir schlecht. Ich fühle, wie die Arme

schlapp und die Beine weich werden. Dann bremst der Zug und hält auf dem Bahnhof Sternschanze. Vielleicht sollte ich hier lieber aussteigen. Im Zug ohnmächtig werden will ich auf keinen Fall. Ich gehe zur Tür, jemand macht sie auf, und es wird dunkel. Dann weiß ich nichts mehr.

Als ich wieder aufwache, sitze ich auf dem Boden des Bahnsteigs, mit dem Rücken gegen das Stationsvorsteherhäuschen gelehnt. Vor mir hockt eine ältere Frau, die versucht, mir ein Stück Brot in den Mund zu schieben. Das ist mir peinlich. Der Mann mit der roten Mütze, also der Stationsvorsteher, beugt sich über mich und sagt: „Der wird schon wieder." Sonst sehe ich niemanden. Für meinen Zusammenbruch hat sich keiner interessiert, kein Zusammenlauf, keine Neugierigen. Warum auch. Leute, die wegen Hunger einen Schwächeanfall haben, gibt es andauernd. Die werden schon wieder, wie der Stationsvorsteher sagt.

Ich esse das Brot, es ist alt und trocken. Die Frau geht weg und kommt mit einem Wasserbecher aus Blech wieder, der an einer Kette hängt, damit er nicht geklaut wird. Das Wasser in dem Becher schmeckt nach Toilette.
Nach einer Viertelstunde geht es mir besser. Die Frau ist schon weitergefahren. Der Stationsvorsteher setzt mich in den nächsten Zug, und die Episode ist zu Ende. Die Kekskrümel der NAAFI helfen mir dann vollends, das Nachkriegs-Normalbefinden wiederzuerlangen.

Das königliche Ingenieur-Corps 209

D er Onkel eines Freundes, der beim „Engländer" arbeitet, hat von einem Kollegen gehört, dass in einem englischen Baubataillon dringend ein guter Dolmetscher gesucht werde. Ich fahre mit unserer schnaufigen Dampfbahn gleich wieder nach Hamburg, um mich vorzustellen und zu bewerben. Das 209te „Corps of Royal Engineers" hat sein Büro im Gebäude der ehemaligen Volksfürsorge An der Alster 59, gleich neben dem heutigen Hotel Le Méridien.

Der Bataillonskommandeur, Major Holt, ist ein perfekter Gentleman, so wie ich ihn später nur noch im Kino auf der Leinwand gesehen habe.

Er liest meinen Entlassungsschein sorgfältig, befühlt mit den Fingern den Prägestempel und lächelt – anerkennend, nicht belustigt. Dann werde ich eingestellt mit einem Monatsgehalt von 180 Reichsmark. Das entspricht drei Schwarzbroten oder 30 Zigaretten. Ich bin zufrieden über dieses tolle Anfangsgehalt.

Das Baubataillon baut aber keine Schützengräben, Brücken oder Bunker mehr. Es ist für die Instandhaltungen der Wohnungen verantwortlich, die in Hamburg von den englischen Familienangehörigen der Besatzungssoldaten bewohnt werden.

Und da diese Wohnungen andauernd kaputtgehen, müssen sie auch andauernd repariert werden. Das machen aber nun nicht die Soldaten des englischen Ingenieur-Corps. Die verwalten nur die Reparaturarbeiten. Reparieren tun deutsche Handwerker, die von den „Tommies" beaufsichtigt werden. Die Engländer besorgen die benötigten Baumaterialien und Ersatzteile. Und die bekommen sie jetzt bei mir. Ich fülle die Anforderungsformulare aus, übersetze sie vom Englischen ins Deutsche und wieder zurück vom Deutschen ins Englische, sodass alle Beteiligten wissen, was los ist und was gebraucht wird.

Dann fahren die Engländer mit den von mir ausgestellten Bezugsscheinen auf ihren Bataillon-Fahrzeugen zum Depot nach Billstedt und holen die Baumaterialien ab, die ich auf den Zettel geschrieben habe. Die nächste Fahrt geht dann zur Baustelle in die Wohnung und zu den wartenden deutschen Handwerkern, die dann gleich mit der Arbeit anfangen, wenn nicht der Feierabend kurz bevorsteht. In diesem Fall gehen die Reparaturarbeiten eben am nächsten Morgen weiter.

Durch dieses nette, wenn auch unwirtschaftliche Arbeiten entstehen viele Freundschaften zwischen englischen und deutschen Familien. Es entwickelt sich die unterste Stufe der Völkerfreundschaft, die eigentlich verboten ist. Für dieses Verbot gibt es den bürokratischen Fachausdruck Non-Fraternisation, was so viel heißt wie „Nichtverbrüderung mit dem ehemaligen Feind".

Bald bin ich mithilfe meines englischen Baumateriallagers so etabliert, dass ich meine Familie ohne den Vierländer Blumenkohl ernähren kann. Und das kam so:

Eines Tages vergisst ein Sergeant einen Bezugsschein für ein Waschbecken, das in eine Wohnung in der Elbchaussee eingebaut werden sollte. Das ist aber überhaupt kein Problem. Der Wachoffizier ordnet an, dass ich mit einem Wagen des Baubataillons in die Elbchaussee gefahren werden soll, um den vergessenen Materialschein dort abzuliefern.

Es kommt ein englischer Soldat, um mich und den Materialzettel in die Elbchaussee zu bringen. Deutschen ist es nicht erlaubt, englische Fahrzeuge zu fahren. Dafür müssen immer englische Fahrer abkommandiert werden. Der Witz ist, dass die 209te gar keine englischen Fahrzeuge mehr hat. Es gibt für die englischen Besatzer nur deutsche VWs, allerdings alles schon Nachkriegsmodelle. Wahrscheinlich hat man Angst, dass die Deutschen die kostbaren Fahrzeuge (Stückpreis für einen VW circa 18 000 Zigaretten) auf dem Schwarzmarkt verscherbeln oder sie kaputt fahren. Deutsche sollen auf keinen Fall deutsche Autos fahren dürfen, egal wie unwirtschaftlich das auch ist.

Eine nette Hausfrau öffnet mir die Tür. Sie weiß schon Bescheid, dass ich der Waschbeckenmaterialbescheinigungsträger bin. Wir gehen durch die Wohnung, die sehr schön eingerichtet ist, mit

Teppichen, Gardinen, Polstermöbeln und Bücherschränken. Schließlich sind wir in der Küche. Ich bekomme einen wunderbar duftenden Becher Tee, allerdings mit Milch, was ich komisch finde. Milch im Kaffee ist normal, aber im Tee?

Aber Milch im Tee schmeckt ganz gut. Dazu bekomme ich noch einen Brownie, eine Art Kuchenkeks. „It is really British." Wir unterhalten uns prächtig. Von Non-Fraternisation keine Spur. Die Hauptsorge der englischen Hausfrau gilt dem Wiederaufbau der deutschen Städte. Sie meint, das würde sicher 50 Jahre dauern. Ich beruhige sie, indem ich nur 30 veranschlage. So vergeht die Zeit mit Plaudern und Teetrinken.

Schließlich kommt der Fahrer, der vor der Tür warten musste, in die Wohnung und mahnt zum Aufbruch. Er hätte noch anderes zu fahren.

Aber mein Problem ist schließlich der Waschbeckenbezugsschein. Ich kann doch nicht wieder abfahren, ohne mein Dokument abgeliefert zu haben, denn von dem englischen Bauführer ist immer noch nichts zu sehen. Ich schlage der netten Engländerin vor, den Bezugsschein im Badezimmer neben dem kaputten Waschbecken zu deponieren. Da würde er den Zettel bestimmt finden.

Auf diesen Vorschlag reagiert sie etwas irritiert, führt mich aber in das Badezimmer und zeigt mir ein völlig intaktes Waschbecken. Nun bin ich irritiert. Hatte ich die falsche Wohnung erwischt? Nein, das war nicht möglich, denn in diesem Haus gibt es nur eine Wohnung. Die Frau lächelt und nimmt mir den Bezugsschein aus der Hand. Sie würde den Schein schon richtig übergeben, sagt sie und lächelt noch mehr.

Ich gehorche. Schließlich ist sie eine Angehörige der Siegermacht, und ich als Besiegter habe zu gehorchen. Finde ich in diesem Augenblick jedenfalls.

Zurück an meinem Schreibpult trage ich ordnungsgemäß die Ausgabe des Waschbeckens in die Materialliste der Wohnung in der Elbchaussee ein. Aber die Materialliste dieser Wohnung ist schon ziemlich voll geschrieben. Kurz zuvor sind zehn Sack

Die einzige Kriegsbeute der Familie Grassmann: ein Fahrrad. Der Vater hat es im August 1943, zwei Wochen nach dem Feuersturm, in den Schuttbergen im Keller unseres abgebrannten Hauses gefunden und ausgebuddelt. Dass die Ruine über ihm hätte einstürzen und ihn erschlagen können, bedachte er nicht. Das Fahrrad war wichtiger. Es hat ihm und uns den ganzen Krieg über gute Dienste geleistet und ist sogar noch zum Ende des Krieges mitgekommen, als der Vater zur Erledigung des Endsieges noch einmal an die Front musste. Von dort ist es gesund und munter, wie auf dem Foto zu sehen, heimgekehrt und war für uns im Frieden weiterhin von gutem Nutzen, zum Beispiel auf den Fahrten mit Schwarzmarktgut durch den Sachsenwald (siehe Seite 116–117).

Zement, 14 Kanthölzer, sechs Rollen Dachpappe und ein Kilo Nägel eingetragen worden. Ich wundere mich und beginne nachzudenken. Wofür braucht die nette Engländerin bloß die zehn Sack Zement, die Kanthölzer und die Dachpappe?

Wahrscheinlich sind die Materialien zu einer anderen Baustelle gebracht worden und man hat nur vergessen, die Lieferung umzubuchen. Dabei fällt mir auf, dass, offenbar häufig aus Gründen der bürokratischen Einfachheit, Materialien, die auf der einen Baustelle nicht mehr gebraucht wurden, problemlos umdisponiert worden sind.

Ich finde das aber irgendwie nicht in Ordnung und mache meinem Chef, dem Staff Sergeant Williams, ordnungsgemäß Meldung. Williams, ein dicklicher Gemütsmensch, sitzt wie fast immer in seinem Ledersessel und raucht eine voluminöse Zigarre. Reg dich nicht auf, meint er. „Don't worry, we'll fix it." Das kommt alles zurecht. Die Armee führt Kriege und keine Bücher.

Das verstehe ich natürlich und mache mir keine Sorgen mehr, weil ja alles irgendwie gefixt wird.

Ein paar Tage später kommt ein Unteroffizier zu mir und erzählt von einigem alten Baumaterial, das er eigentlich wegwerfen müsse. Aber ich hätte doch erzählt, dass meine Familie es sehr schwer hätte, ihre Notunterkunft fertig zu bauen. Da könnte ich doch diese alten Materialien sicher gut gebrauchen. Ich solle mal aufschreiben, was uns denn so fehle. Und natürlich auch die Adresse.

Es dauert ein paar Tage, bis meine Eltern eine Bedarfsliste aufgestellt haben. Ein paar Tage später, als ich von Hamburg nach Hause komme, liegt ein großer Haufen Baumaterial vor unserer Haustür, den ein englisches Transportkommando abgeladen hat.

Der „weiße" Markt funktioniert noch nicht wieder. So hat sich statt seiner ein „schwarzer" etabliert. Man bezahlt nicht mehr mit Reichsmark, sondern mit Zigaretten, Butter und Brot. Oder mit Sachwerten wie zum Beispiel Wäsche und vielem anderen mehr, wohl auch mit Baumaterial. Es ist wie in der Römerzeit bei den Germanen: Der Tauschhandel kommt wieder in Gang.

Mit Reichsmark kann man nur noch die Miete bezahlen oder die Fahrkarten der Reichsbahn. Und natürlich Dienstleistungen aller Art, wie die Auflistung von Baumaterialien oder die Schreibarbeiten der Sekretärinnen, die allerdings auch gelegentlich Dienstleistungen anderer Art anbieten. Diese besonderen Dienstleistungen müssen allerdings in schwarzer Währung bezahlt werden. Reichsmark sind da ungültig.

Dabei ist ein markttechnisch besonderes Problem aufgetaucht. Es gibt eine ganze Reihe von Sekretärinnen in unserem Büro, die zwar reichlich über Zigaretten, Whiskey und andere Marketenderwaren verfügen, deren Familien aber hungern oder nichts Richtiges mehr zum Anziehen haben.

Hier weiß ich bald auszuhelfen, wofür mir die Mädels und ihre Zigarettenspender sehr dankbar sind.

Ich fahre mit dem Fahrrad meines Vaters, das er als einzigen Wertgegenstand aus dem Krieg mit nach Hause gebracht hat, über Land. Nicht zu den Gemüsebauern und ihren Wachpolizisten in den Vierlanden, sondern aufs platte Land, in die Dörfer hinter dem Sachsenwald, nach Möhnsen, Kuddewörde und Glinde.

Auf dem Gepäckträger liegt stets ein Rucksack aus Vaters Wandervogelzeit, gefüllt mit Whiskeyflaschen oder Cadbury-Schokolade. An der Lenkstange hängt ein alter Hitler-Jugend-Brotbeutel, gefüllt mit Zigaretten oder Seidenstrümpfen. Auf der Rückfahrt muss ich den prallen Rucksack auf dem Gepäckträger festbinden, und der Brotbeutel, gefüllt mit Butter, Speck und Eiern, wird über das Lenkrad gehängt. Kein Wunder, dass ich bei den Bauern sehr beliebt bin und oft zu Erbsensuppe, Blechkuchen oder Schweinebraten eingeladen werde. Aber wenn ich nicht aufpasse und rechtzeitig auf Wiedersehen sage, muss ich in der Dämmerung, manchmal auch im Dunkeln durch den Sachsenwald nach Hause fahren.

Das ist nicht gefährlich wegen eventueller Räuber, die mir meine schwarze Ware wegräubern könnten, sondern wegen der vielen Löcher auf dem Weg und der schlammigen Pfützen, die man im Dunkeln nur sehr schwer sehen kann, manchmal sogar erst, wenn man in der Pfütze im Schlamm stecken bleibt. Zur Sicherheit schiebe ich das Fahrrad mit der kostbaren Fracht durch den Wald und komme erst sehr spät wieder daheim an.

Meine Familie freut sich dann riesig, denn ein Teil der Ware bleibt als Provision bei uns. Das macht uns nicht nur satt, sondern erspart mir auch die langen Fußmärsche zu den Blumenkohlbauern in den Vierlanden.

Einer der Höhepunkte auf dieser Handelsroute ist das liebe Weihnachtsfest 1947. Der Chef des Materiallagers Mr. Pinkerton wünscht sich für seine Familie einen Truthahn als Weihnachtsbraten, und zwar geschlachtet und ausgenommen, also bratfertig. Als Tauschobjekt bietet er zwei Flaschen exzellenten französischen Rotwein vom Feinsten und ein Handwaschbecken mit dem dazu passenden Wasserhahn. Das hat sich der Bauer Pflüger gewünscht, der den Truthahn liefern will.

Die erste Panne gibt es, als ich nachmittags in Kuddewörde ankomme: Bauer Pflüger hat keinen Truthahn. Die gäbe es in Norddeutschland gar nicht. Er hätte dafür eine große, schwere Gans zu bieten, fertig ausgenommen mit einer Füllung aus Äpfeln und Speck, sehr lecker und fertig für den Bratofen.

Wenn aber schon der Antransport des schweren Waschbeckens nach Kuddewörde auf dem wackeligen Gepäckträger und mit den Rotweinflaschen im Brotbeutel an der Lenkstange eine große Anstrengung ist, dann ist die Rückfahrt geradezu fürchterlich. Die Gans ist deutlich schwerer als das Waschbecken und fällt, weil sie rund und glitschig ist, alle paar Hundert Meter zu Boden. Sie wieder auf den Gepäckträger zu wuchten, wobei das Fahrrad immer alleine weiterfahren will, fordert Übermenschliches von mir.

Langsam wird es dunkel. Ich überlege, die Gans irgendwo im Wald zu verstecken und sie später mit meinem Bruder abzuholen.
Gott sei Dank verwerfe ich diese blöde Idee. Wahrscheinlich würden nämlich die Wildschweine oder anderes Waldgetier den Braten riechen und ihn einfach auffressen. Was sollte ich dann Mister Pinkerton sagen?
Also schiebe und wuchte ich den Gänsebraten weiter durch den Sachsenwald nach Aumühle, wo ich sehr spät ankomme. Die Acht-Uhr-Radio-Nachrichten sind lange vorbei.
Am anderen Morgen hilft mir mein Bruder Martin, die Gans zum Bahnhof zu schleppen, denn Mister Pinkerton erwartet seinen Truthahn am Heiligen Morgen, den 24. Dezember, im Büro beziehungsweise in der Pförtnerloge des Bürohauses an der Alster. Man kann sich die Szene in der Pförtnerloge nicht vorstellen, und daher kann ich sie auch nicht richtig beschreiben. Ich komme gar nicht dazu, den Truthahn-Gans-Tausch zu erklären oder womöglich die Geschmacksqualität der Gans zu beschreiben, zu preisen und sie damit noch schmackhafter zu machen.

Mr. Pinkerton explodiert. Erstens wohl, weil es nun keinen Truthahn gibt, zweitens wohl wegen der Blamage. Wer weiß, was er seiner Familie alles vorgeschwärmt hatte, wie er sich gebrüstet hat: er, er als großer Truthahnbesorger im Feindesland. Er, er, der größte Truthahnbesorger aller Kriegs- und Friedenszeiten. Und nun dies: eine blöde deutsche Gans – furchtbar, schrecklich.

Die Katastrophe endet gewalttätig. Mister Pinkerton holt aus und schleudert die schwere Gans gegen meinen Kopf. Ich weiche natürlich geschickt aus, und die Gans trifft eine Schreibmaschine und geht mit ihr zusammen zu Boden.

Mr. Pinkerton knallt die Tür zu.

Nun kann das Weihnachtsfest beginnen.

Ich schleppe die Gans wieder zurück nach Aumühle, und meine Mutter macht daraus einen wunderbaren krossen Weihnachtsbraten und drei große Gläser Gänseschmalz. Mir schmeckt der Braten nicht besonders gut, und auch heute noch esse ich an Weihnachten lieber keine Gans.

Aber so schlecht ist das Nachkriegs-Weihnachten gar nicht.

Mit etwas Roggenmehl, getrockneter und klein geraspelter Kartoffelschale und einigen Tabletten Süßstoff hat meine Mutter knusprige und etwas bräunliche Braune Kuchen gebacken. Der Großvater hat den weiten Weg von der Grindelallee bis zu uns nach Aumühle in knappen zweieinhalb Stunden bewältigt und uns in einem großen Karton, eingewickelt in Zeitungspapier aus der Friedenszeit vom Winter 1938, alten Tannenbaumschmuck gebracht, den er schon als kleiner Junge bewundert hat.

Die Flitterengelchen sind zwar etwas zerknittert, und hier und da fehlt ein Flügelchen, die silbernen Lamettafäden sind durch die jahrelange Lagerung auf dem Dachboden der Großeltern zu einem klebrigen Knäuel geworden und bei den bunten Glaskugeln fehlt oft der Aufhänger. Das macht aber nix. Dann werden sie eben auf die Tannenzweige gelegt und glitzern sicher im Licht der Spezialkerzen, die mein Bruder Martin noch am Weihnachtsabend aus Billstedt holt.

Aber er ist noch nicht zurück. Die Familie sitzt wartend in der kleinen Küche, denn ins Weihnachtszimmer mit dem kärglich geschmückten Weihnachtsbaum dürfen wir noch nicht. Weihnachten ist ja schließlich das Fest der Überraschungen, und diese Art von Tradition soll nicht abgeschafft werden, meint meine Mutter.

Eigentlich ist es kein Wunder, dass Bruder Martin immer noch nicht zurück ist, denn die kleine Kerzenfabrik liegt weit hinten in Billstedt und ist nur umständlich zu erreichen. Kerzenfabrik ist übrigens leicht hochgestapelt. Es handelt sich um zwei arbeitslose Mädels, die in ihrem Schlaf- und Wohnkeller Wachsreste in kleine Aromagläser stopfen, sie in warmes Wasser halten und dann in das flüssige Wachs Wollfäden als Dochte tauchen. Eine der vielen tollen Erfindungen, von denen man überall hört.

Gerade als wir uns Sorgen machen, rumpelt es an der Tür. Martin erscheint strahlend mit den Kerzen in der Hand. Beinahe hätte er es nicht mehr geschafft zurückzukommen. Er hat zwar die Kerzen ohne Probleme bekommen und sich gleich auf den Rückweg gemacht. Aber es fuhr keine Straßenbahn mehr. Zu Fuß lief er zum Bahnhof Billwerder-Moorfleet, was ungefähr eine Stunde dauerte. Zu seinem Schrecken fuhr aber auch dort kein Zug mehr nach Aumühle.

Not macht erfinderisch. Gar nicht weit vom Bahnhof Billwerder-Moorfleet ist der große Güterbahnhof, auf dem die Züge nach Berlin zusammengestellt werden. Und wie durch ein Wunder hat er tatsächlich einen Lokomotivführer gefunden, der kurz davor war, mit seinem Zug nach Berlin abzufahren. Martin durfte auf die Lok steigen und mitfahren. Allerdings hat es dann bis zur Abfahrt doch noch zwei Stunden gedauert.
Kurz vor Aumühle hat der Lokführer den Zug so abgebremst, dass Martin ohne Probleme von dem langsam fahrenden Zug auf den Bahnsteig springen konnte. Eine unglaubliche Geschichte. Aber so etwas passierte damals andauernd.

Bericht aus der Arbeitswelt und von Anneliese

Nun ein kleiner Bericht aus der Arbeitswelt, die damals gemütlicher war als heute.

Es wird bei der 209ten so gearbeitet wie in fast allen größeren Büros, und zwar etwa die Hälfte der Arbeitszeit. Die andere Hälfte wird zum Zeitunglesen, Nägellackieren, Intrigieren und zum Poussieren benötigt. Ich lese nur Zeitungen. Von den anderen Bereichen verstehe ich noch nichts, denn in meinem bisherigen Leben bin ich davon bislang verschont geblieben. Aber nach Jahren der Enthaltsamkeiten fühle ich schon ein gewisses Lustbedürfnis und will es zumindest mal versuchen.

Zunächst versuche ich mich beim Poussieren.
Im Büro des Chefs für die Materialbeschaffung sitzt eine 17-jährige, wunderschöne, angenehm rundliche, große, stattliche Blondine: die Sekretärin Fräulein Anneliese.
Ich finde sie toll und bekomme sehr bald heraus, dass sie in relativ geordneten, das heißt in nicht ausgebombten Verhältnissen lebt, nämlich bei ihren Eltern in Eimsbüttel. Die viermotorigen Racheengel aus England, die ihre Bombenteppiche immer nachts über der Stadt ausgebreitet hatten, haben offenbar einige Stadtteile übersehen, so zum Beispiel Eimsbüttel. Da stehen noch ganze Straßenzüge ohne einen einzigen Bombenschaden. Nur gelegentlich fehlt ein Haus.
Aber nicht nur die Dächer sind noch heil. Auch in den Wohnungen sind noch viele Möbel intakt. Nur hier und da fehlt das Glas in den Fenstern.
Viele von ihnen werden mit Brettern oder Pappdeckeln verschlossen. Im Winter ist das von ziemlicher Wichtigkeit. Da werden dann die Fenster zusätzlich provisorisch mit Tischdecken, Schonbezügen, Wintermänteln oder Bettvorlegern abgedichtet.

Der größte Schatz in diesen Wohnungen aber sind die Kleiderschränke. Erstens sind sie eine Art Währungsreserve, denn mancher Pelzmantel, Fuchsschwanz, Sonntagsanzug oder Pyjama dient als Zahlungsmittel bei dem Erwerb von Butter und Eiern, Kartoffeln und Gemüse, Schnaps und Zigaretten.

Und zweitens sind sie ein großartiger Fundus zur Ausstattung für die Damenwelt. Schicke Blusen, Kostüme und Kleider, Mäntel und Hüte sowie natürlich Strümpfe und Unterwäsche, die alle noch in diesen Kleiderschränken hängen und liegen, verbreiten ein Flair von Friedenszeit. Dass dieses pseudo-elegante Outfit den Stempel der Mode von 1939 trägt, kann niemanden stören, denn seit 1939 gibt es ja kaum noch Mode.

Besonders beeindrucken mich die duftigen, luftigen Blusen der Mädels. Sie sehen deswegen so duftig aus, weil sie immer tadellos gebügelt sind. Keine Frau, die etwas auf sich hält, geht mit einer ungebügelten Bluse oder einem zerknautschten Kleid auf die Straße, denn auch die Eimsbüttler Bügeleisen haben den Krieg unbeschadet überstanden. Wenn nicht, kann man ohne große Umstände auf dem Schwarzmarkt noch eins der alten eisernen, kohlebetriebenen Bügeleisen eintauschen.

Und Anneliese muss wohl über einen großen Kleiderschrank mit einem schier unermesslichen Bestand von Blusen und Sommer-kleidern verfügen. Großartigerweise sind einige Blusen vorne ein ganz kleines bisschen zu eng, und die Knopfleiste schließt nicht stramm ab. Wenn man sich dann in eine ganz spezielle Position stellt, zum Beispiel dicht neben den Aktenschrank an der Tür, kann man, wenn sie sich von ihrer Schreibmaschine wegdreht, um etwas von ihrem Schreibtisch zu holen, leicht in die Bluse hineinsehen. Das bringt meistens nicht viel, denn der Blick prallt gegen den Büstenhalter. Aber das macht nichts. Was man nicht sieht, ergänzt die Fantasie, und dann sieht man eben doch etwas, ohne es wirklich zu sehen. Eine tolle Sache.

Schließlich fasse ich den Entschluss, sie zu einer Tasse Kaffee einzuladen. Bis zur Umsetzung dieses Entschlusses brauche ich allerdings noch einmal vier Tage. Oft muss ich das Vorhaben verschieben, weil irgendjemand anderes in ihrem Büro ist, meistens natürlich ein englischer Kollege.

Dann endlich ist es so weit. Niemand da, weit und breit. Anneliese allein in ihrem Zimmer. Nur ich bin da. Ich stelle mich aber nicht neben den Aktenschrank. Das hätte mich vielleicht verwirrt und alle Chancen verspielt.

Aber dann ist alles ganz einfach. Anneliese strahlt mich an, sagt anscheinend „Gerne, aber ja". Nur die Post müsse sie noch fertig machen. Wir können uns ja gleich am Haupteingang treffen.

Wir gehen natürlich ins Café Fischer an der Ecke Gurlittstraße. Etwas anderes ist auch gar nicht möglich. Es ist eines der wenigen, wenn nicht sogar das einzige Café an der Alster. Die Kellnerin mit dem schönen Namen Madleehn gibt uns einen Tisch am Fenster zur Alster. Dabei grinst sie mir plump-vertraulich zu.

Ich kenne sie natürlich ein bisschen, denn mit meinem Freund Alfred komme ich gelegentlich nach Dienstschluss hierher, um ein Bier zu trinken.

Madleehn kommt aus Stettin und wohnt bei einer Freundin in der Langen Reihe. Ihr Vater ist gleich zu Beginn des Krieges in Polen gefallen, und 1945, als die Russen kamen und Madleehn sich nach Westen absetzte, blieb die Mutter in Stettin. Sie wollte ihre große schöne Wohnung an der Hakenterrasse nicht aufgeben. Seitdem hat Madleehn nichts mehr von ihr gehört.

Es ist ganz angenehm hier im Café Fischer. Wenige Leute. Es gibt auch nichts Besonderes zu trinken oder zu essen. Und wenn es etwas zu essen gibt, dann nur gegen Lebensmittelkarten. Meistens ein Stück Kuchen mit einem Klacks gelüfteter Trockenmilch als Schein-Schlagsahne obendrauf gegen die Abgabe eines 50-Gramm-Abschnitts von der Brotkarte.

Dazu eine Tasse Kaffee, die fast immer nach gewirbeltem Abwaschwasser riecht und auch so schmeckt. Anstelle von Zucker gibt es, wenn man Stammkunde ist und besser als die Laufkundschaft behandelt wird, eine kleine Pille Süßstoff. Milch gibt es nie. Erfahrene Kaffeetrinker trinken deswegen in den Cafés nie Kaffee,

Bericht aus der Arbeitswelt und von Anneliese

sondern Tee. Bevorzugt wird Pfefferminztee, weil der jedenfalls nach etwas schmeckt. Anderen Tee trinkt man nicht. Dann kann man ja gleich Kaffee trinken. Grüner Tee ist noch nicht erfunden. Unter dem mangelnden Angebot in den Cafés leiden die Hamburger aber kaum. Sie gehen nämlich nicht in Cafés. Nur im Café herumzusitzen entspricht nicht dem hanseatischen Lebensstil.

Ich aber sitze jetzt gern mit Anneliese hier, und Anneliese erzählt von ihrem Leben und ihren Wünschen. Jetzt, wo dieser blöde Krieg endlich vorbei sei, wolle sie gerne verreisen. Nach Paris zum Beispiel.

Da sei ihr Vater 1941 gewesen, als Soldat leider nur, aber er habe tolle Sachen geschickt. Einen Seidenschal, elegante Schuhe für ihre Mutter und Strümpfe, die es immer noch gebe. An Feiertagen, zum Beispiel an ihrem Geburtstag, würde sie die Strümpfe anziehen. Leider gäbe es dafür keinen passenden Strumpfhalter, aber das würde man ja nicht sehen. Ich bin überrascht und verlegen, dass Anneliese mit mir solche intimen Einzelheiten bespricht. Aber ich finde das auch ganz gut, diese Lässigkeit.

Das Beste an Vaters Geschenken sei aber eine Flasche Cognac gewesen, eine ganz berühmte Marke. Die sollte die Mutter aufbewahren, es niemandem sagen oder womöglich zeigen. Die Flasche wollte er zusammen mit seiner Frau an dem Tag trinken, an dem sie den gewonnenen Krieg feiern würden. Daraus sei ja nun leider nichts geworden, meint sie bedauernd. Aber die Flasche sei doch zu etwas nütze gewesen. Im Herbst 1945, als der Vater aus dem Lazarett kam und außer seiner Uniform nichts Warmes zum Anziehen hatte, hätten sie die Flasche gegen einen dicken, wunderbaren Wintermantel eingetauscht.

Von mir erzähle ich nichts. Womit kann ich bei so einer tollen Frau auch Eindruck machen? Mit dem gefälschten Entlassungsschein oder der Kartoffelklau-Aktion? Lieber nicht.

Dann sprechen wir über Musik, über die neuen englischen Hits, wie „Give me five minutes more" oder „A tisket, a tasket, I lost my yellow basket!"

Von Duke Ellington oder Gershwin hat sie noch nie etwas gehört.

Auf dem Weg zum Hauptbahnhof traue ich mich, sie einzuhaken. Das lässt sie zu. Ich bin glücklich und stolz, mit so einer tollen Frau eingehakt zur Straßenbahnhaltestelle der Linie 6 zu gehen. Die fährt nämlich nach Eimsbüttel. Beim Abschied versuche ich, sie zu küssen. Das wehrt sie aber ab. Na ja, sage ich mir, beim ersten Mal, und dann gleich küssen, muss nicht sein.

Jetzt habe ich eine Freundin. Und gleich so eine hübsche, blonde, gut angezogene. Alle anderen Frauen sind plötzlich total vergessen.

Das Glück dauert allerdings nur vier Tage. Als ich mein nächstes Rendezvous verabreden will, sitzt auf der Kante ihres Schreibtisches dieser blöde Hengst von der Fahrbereitschaft. Die beiden schäkern herum, und vor ihr auf dem Schreibtisch liegt eine Stange Players-Zigaretten. Ich weiß, was das bedeutet, auch wenn sie mir fröhlich zuwinkt.

Bericht aus der Arbeitswelt und von Anneliese

Die Modemacher haben in der letzten Zeit mehr Krieg als Mode machen müssen. Und so ist es nicht verwunderlich, dass die Modemacherei zum Stillstand kam und erst 1946 da weitermachen kann, wo sie 1939 aufgehört hat. Und die ärmlichen Modelle, die damals Hauptgesprächsstoff sind, muten heute rührend an und wie von vorgestern, was sie ja auch schließlich sind. Gut, dass sich die Modemacherei seit 1945 wieder besser entwickeln kann.

Bericht aus der Arbeitswelt und von Anneliese

Kino, mal ganz anders

Gut, dass die große Liebe nur vier Tage dauerte. Sonst hätte sich diese blöde Kuh noch in mein Herz eingenistet, und ich hätte womöglich seelischen Schaden genommen.

Über meine Trauer und meinen Zorn spreche ich schließlich mit Conny Laage, der Sekretärin des Obersergeanten und gleichzeitig seine Geliebte. Das weiß jeder und alle finden das okay.

Auch Conny ist immer schick angezogen, denn sie wohnt draußen vor der Stadt in Farmsen, wo nur selten Bomben gefallen und deswegen die Kleiderschränke immer noch intakt und gut gefüllt sind. Und selbstverständlich hat auch sie diese schönen, dünnstoffigen Blusen an, die mich, und ich denke auch die anderen Männer im Büro, so angenehm irritieren.

Allerdings spannen die Blusen nicht über ihrer Brust, denn sie hat wohl keine, denke ich. Sie ist klein und sehr zierlich und hat einen wunderbaren, großen Wuschelkopf. Conny ist nicht nur eine hübsche rothaarige Frau, sondern eine richtige Dame. Sie ist toll, die Schönste, die ich wohl während der Reichsmarkzeit gesehen habe.

Conny tröstet mich. Sie nimmt mich in die Arme und streicht mir über Kopf und Rücken, ein wunderbares, schönes, aber doch merkwürdiges Gefühl.

„Frauen sind so." Mit dieser Bemerkung will sie mich wohl abhärten und fit machen fürs Leben. Frauen müssten immer mehrere Männer haben. Einer allein schaffe es sowieso nicht, eine Frau glücklich zu machen. Und gute Frauen hätten eben Ansprüche. Die könne ein Mann alleine kaum erfüllen. Schon vom Zeitaufwand her gesehen, ginge das gar nicht.

Daran habe ich noch gar nicht gedacht.

Ich solle nicht traurig sein. Ich sei doch ein hübscher Junge, klug, intelligent und so weiter. Es würde nicht lange dauern, und die Frauen würden Jagd auf mich machen. Da sollte ich aber vorsichtig sein und nicht gleich die Erstbeste nehmen. Die Erste sei eben meistens nicht die Beste.

Der Gänsemarkt 1947, mitten im Wiederaufbau: Das hohe Gebäude im Hintergrund beherbergte früher das Lessing-Filmtheater, in der Reichsmarkzeit wurde es von den Engländern mit dem Namen AKC-Globe-Cinema als Truppenkino genutzt. Links von diesem altehrwürdigen Kino ließ sich später die Stadtbäckerei nieder, die auch heute noch dort ihre Brötchen verkauft. Rechts, wo die Hauswand eine Werbung für das „Hamburger Echo" ziert, stand später der neue Ufa-Palast.

Und jetzt würde sie mit mir ins Kino gehen. Es gebe im Garrison Theater einen guten Film, allerdings auf Englisch, aber das sei ja für mich kein Problem.

Ins Kino gehen ist natürlich toll, und dann auch noch ins englische AKC-Globe-Cinema am Gänsemarkt. Mir ist aber nicht klar, wie wir da reinkommen sollen, denn das Globe-Cinema, früher das Lessing-Filmtheater, ist von der englischen Armee beschlagnahmt. Es ist ausschließlich für die englische Truppenbetreuung reserviert. Für Conny scheint das aber kein Problem zu sein. Sie, als Chefsekretärin, beordert einen Fahrer aus der Fahrbereitschaft heran. Der muss uns in seinem VW an der Alster entlang über den Jungfernstieg bis zum Gänsemarkt fahren. Auch am Einlass wirft sie einem jungen Mann, offenbar einem deutschen Kontrolleur, eine Kusshand zu, und schon sind wir im Kino.

Aber Conny setzt sich nicht ins Parkett, sondern geht zielstrebig auf eine Loge zu. Die gehöre dem englischen Stadtkommandanten General Surtees, meint sie, und der gehe nie ins Kino.

Wir sitzen auch nicht auf den üblichen Klappsitzen, wie ich sie kenne. Hier in der Loge stehen breite Sessel mit Samtbezug und kleinen Kordeln, als Schmuck sozusagen. Conny zieht ihren Mantel aus und wirft ihn auf einen Sessel im Hintergrund in der zweiten Reihe. Wir rücken zwei Sessel nach vorn an die Balustrade, und los geht's.

Was das für ein Film war, wer mitspielt, was gespielt wird, wie die Handlung und das Ende sind, weiß ich nicht mehr. Es ist eine aufregende Stunde auf den Kinosesseln, die ich mein Leben nicht vergessen werde.

Erst passiert gar nichts. Dann plötzlich, ohne Vorankündigung, nimmt Conny meine rechte Hand in ihre linke und streichelt sie. Dann legt sie meine Hand auf ihren Oberschenkel, und durch ihr dünnes Kleid fühle ich den Knopf, mit dem ihr Strumpf an den Hüfthalter, heute sagen wir dazu Straps, angeknöpft ist. Ich finde das aufregend, weiß aber eigentlich nicht, was ich denn nun machen soll.

Conny rutscht dichter an mich heran und lehnt ihren Kopf gegen meine Schulter. Das finde ich toll. Ich lehne auch meinen Kopf gegen ihren und warte, was nun wohl passieren wird.

Erst mal wieder nichts, aber dann küsst mich Conny, zuerst auf die Wange und dann auf den Mund. Mein Gott, es ist unglaublich aufregend.

Dann nimmt sie meine Hand und führt sie hinunter auf ihr Knie. Durch den Nylon-Strumpf fühle ich ihre Kniescheibe.

Conny stöhnt ein bisschen und rutscht auf ihrem Sessel etwas tiefer. Dadurch rutscht meine Hand automatisch auf ihrem Oberschenkel etwas höher.

Es ist natürlich toll und aufregend und alles Mögliche. Aber was passiert, wenn das jemand sieht? So weit kann ich aber gar nicht denken, denn Connys rechte Hand fummelt nun an meiner Gürtelschnalle herum. Sie ist sehr geschickt, denn es dauert nur Sekunden, und die Gürtelschnalle ist geöffnet und auch der oberste Knopf der Hose.

Jetzt wird mir unheimlich. Wenn uns jemand beobachtet oder sieht! Aber die englischen Soldaten sehen nicht uns, sondern den Film. Alles bleibt ruhig und normal.

Bei meiner Beobachtung des Kinopublikums habe ich gar nicht bemerkt, dass Conny mit ihrer Hand schon tiefer in meine Hose geglitten ist und das in ihrer Hand hat, was sonst nur meiner Hand vorbehalten ist. Es ist ein tolles Gefühl, und die Hose wird ganz schnell zu eng.

Was nun?

Conny steht auf, schiebt ihr Kleid bis zum Gürtel hoch und zieht sich langsam, freundlich lächelnd – das ist, glaube ich, das richtige Wort –, ihr Höschen aus.

Ich bin hin und weg. An nichts kann ich mehr denken, weder an Anneliese, noch an Mozart in Prag oder den eleganten Direktor bei Jurid. Auch das Kino mit seiner Leinwand und dem Film da drauf verschwindet einfach so.

Langsam setzt sie sich breitbeinig auf meinen Schoß und lässt sich vor und zurück gleiten, vor und zurück, wie alle Erwachsenen das ja heute kennen.

Da sie auf meinem Schoß sitzt, kann ich den Film gar nicht mehr sehen, was mir erst jetzt auffällt. Aber es ist ja auch völlig egal.

Leise schaukelt Conny auf mir vor und zurück. Und dann kommt es mir. Ich kann es nicht mehr bremsen, nicht mehr aufhalten. Es schüttelt mich, und es ist mir peinlich, ein bisschen die Beherrschung verloren zu haben.

Conny hat sich fest an mich geklammert, atmet schnell und heftig und vergräbt ihren Kopf in meinem Jackett. Sie zittert, und ich denke, dass sie wohl auch ein bisschen die Beherrschung verloren hat. Das gibt mir meine Sicherheit zurück.

Ich streichle sie, küsse ihr Ohr und helfe ihr beim Aufstehen. Sie schiebt ihren Rock nach unten, lächelt mich an und fragt: „War's schlimm?"

Ich weiß so schnell nicht, was ich antworten soll. Natürlich war es nicht schlimm, sondern wunderschön. Das bringe ich immerhin über die Lippen. Es ist so etwas wie eine kleine Liebeserklärung.

„Wollen wir nicht gehen", fragt sie, „oder willst du den Film noch weiter sehen?"

Das ist nun wirklich eine blöde Frage. Ich schüttle den Kopf, fasse ihren Arm, und wir gehen zur U-Bahn-Station Stephansplatz. Sie muss nach Farmsen fahren, weil sie nämlich noch bei ihren Eltern wohnt.

Gespannt komme ich am nächsten Tag ins Büro. Wie soll das nun weitergehen mit Conny? Bin ich nun plötzlich der neue Freund, jung, intelligent und hübsch? Oder gehöre ich jetzt zur Gruppe der Zweitligisten? Hat sie unser heißes Treffen ihrem Chef gebeichtet, der mich nun rausschmeißt?

Nichts von alledem. Conny wünscht mir freundlich einen guten Morgen und geht in ihr Büro. Alles ist normal, nichts Aufregendes ist passiert. Würde es noch mal passieren? Ich habe keine Ahnung und glaube, es ist mir auch ein bisschen egal. Ich fülle meine Materialbeschaffungsscheine aus wie immer. Mittags gehe ich mit Alfred ins Café Fischer, ein Bier trinken, und grüße Anneliese freundlich, der wir im Treppenhaus begegnen.

Obwohl Not in vielfältigster Art das Leben prägt, bleibt doch ein schmaler Grat für Lebensfreude und Vergnügen im Alltag übrig. Auch das Nachtleben entwickelt sich schon bald wieder, bürgerliches Tanzvergnügen ebenso wie eine Kneipenkultur in den Vorstädten. Das Ablenken vom Unglück des Alltags lässt bald ungeahnte Unterhaltungstalente entstehen. Das Foto unten, das der Fotograf Wolfgang Etzold in einer Barmbeker Kneipe machte, liefert dafür einen schönen Beweis.

Ein Musiker hat eine Geige aus den Unübersichtlichkeiten des Krieges gerettet. Sie ist ein bisschen kaputt, wie man auf dem Foto sehen kann. Die Geige hat keinen Boden mehr, aber spielen kann man auf ihr trotzdem, und die Melodien, die aus dem amputierten Geigenkörper kommen, finden große Zustimmung.

Aber nicht nur das Nacht- und Tanzleben gibt den Leuten Abwechslung von ihrem ärmlichen Dasein. Im Sommer an den Badestränden in der Stadt und an der Elbe (Foto), und im Winter auf dem Eis der Alster genießen Tausende ein früher unbekanntes Glücksgefühl. Für viele ist das ein Zeichen für den langsam entstehenden Frieden.

Kino, mal ganz anders

Die Moritz-Bar — und was sonst noch so los ist

Mit Alfred gehe ich öfter mal ein Bier trinken, oder wir stehen beim Bäcker Westphal an der Ecke zum St.-Georgs-Friedhof in der Schlange für ein frisches Maisbrot. Richtiges Weizen- oder Schwarzbrot gibt es kaum noch. Aber das Maisbrot vom Bäcker Westphal hat nicht diesen leicht bitteren Geschmack. Deswegen stehen die Leute danach Schlange, und auch meine Mutter freut sich immer, wenn ich ein Brot, gegen Brotmarken natürlich, vom Westphal-Bäcker aus Hamburg mitbringe.

Das Beste in unserem Dasein ist sicher nicht das Café Hübner mit seiner Riege älterer Damen von 30 bis 50. Das finden jedenfalls wir jungen Spunde von Anfang 20. Und auch die Nachmittage im Café Fischer sind nicht besonders vergnüglich, egal ob mit oder ohne Damenbegleitung.

Auf die Idee, die große Welt im Atlantic-Hotel zu besuchen, wären wir auch im tiefsten Frieden allerdings nicht gekommen. Viel zu elegant für uns und auch viel zu teuer. Jetzt, im Nachkrieg, erübrigt sich jede Überlegung in dieser Richtung. Das „Atlantic" ist nun der Mittelpunkt der britischen Besatzungsmacht und den Engländern vorbehalten. Ganz selten werden dort auch deutsche Politiker tagsüber zu Gesprächen empfangen. Doch nachmittags zum Tanztee und abends bei den Partys spielen dann Tanzkapellen in der Lobby. Aber natürlich nicht für die deutschen Politiker. In Frage gekommen wäre höchstens das Hotel Vier Jahreszeiten. Leider ist uns aber auch hier der Zutritt nicht gestattet, denn jetzt hat die Royal Navy das Kommando von der deutschen Kriegsmarine übernommen. Für die Royal Navy hat das „Vier Jahreszeiten" eine fast symbolische Bedeutung, denn hier hatte 1940 das Offizierskorps des Schlachtschiffes Bismarck gewohnt, als das Schiff bei Blohm + Voss in dem legendären Dock 17 gegenüber den St. Pauli-Landungsbrücken ausgerüstet wurde.

Auf der Rückseite des Hotels, in den Colonnaden Nr. 17, hat kürzlich eine Bar aufgemacht, eine Kellerbar, wie wir bald herausfinden. Ein Herr Moritz, ein breiter, 1,90 Meter großer Hüne, hat

Wie schön war das doch damals, als es noch keine elektronischen Musikmacher mit Verstärkern und hochprozentigen Lautsprechern gab. In jeder Pinte, wo heute irgendwas elektronische Musik macht, spielten damals zwei oder drei Jungs zur Unterhaltung des Publikums. Sie spielten Schlager aus England und Amerika, manchmal auch aus Frankreich oder sogar Deutschland am liebsten allerdings ab 1950 aus Italien.

hier seine „Moritz-Bar" eröffnet und sofort ein volles Haus. Wir, Alfred und ich, gehören zu den Gästen der ersten Tage. Ein englischer Kollege aus unserem Baubataillon 209 gab uns den Tipp. Er ist wohl bei der Beschaffung von Baumaterial behilflich gewesen, und Herr Moritz hat sich erkenntlich gezeigt.

Der Eintritt kostet 60 Reichsmark für den Abend oder zehn Ami-Zigaretten. Als Gastgetränk zur Einstimmung gibt es am Eingang einen Rübenschnaps, den man mit zusätzlichen 50 Reichsmark zu einem Whiskey veredeln kann.

Wir sind natürlich Gäste, wie uns der Hausherr versichert, denn wir kommen in Begleitung unseres englischen Kollegen von der 209ten.

Die Kellerräume sind verwinkelt, die Wände dunkel angemalt, und es gibt nur wenig elektrische Beleuchtung. Also alles sehr gemütlich.

An den Wänden breit ausladende Sofas. Vor einer winzigen Bar stehen drei hohe Barhocker, wie ich sie aus amerikanischen Filmen kenne. Neben der Bar, etwas erhöht, die Kapelle. Bands gibt es noch nicht.

Es spielen ein Pianist auf einem gewöhnlichen Hausklavier, dazu ein Gitarrist und ein Bassist, der gleichzeitig und gelegentlich eine Trommel, eigentlich mehr ein Trommelchen, bedient. Zu hören gibt es englische und amerikanische Songs, die ich alle schon kenne, die also Schlagerqualität haben.

Gott sei Dank singt niemand von den Musikern, und so kann man sich ungestört unterhalten.

Wichtig sind natürlich die Damen. Die sitzen zu zweit oder dritt auf den Sofas und machen blöde Bemerkungen wie: „Ach guck mal, der ist ja süß" oder „ Den möchte ich mal im Dunkeln treffen" oder „Dem ist Vaters Anzug aber noch zu groß".

Das mit dem zu großen Anzug vom Vater stimmt leider. Schließlich kann ich mit meiner alten, durchgewetzten Uniformjacke nicht in eine Bar gehen. Da muss ich mir eben Vaters Anzug leihen. Er passt mir ganz gut, wie meine Mutter und ich meinen.

Nur die Mädels halten ihn für zu groß. Das stört mich aber nicht, denn hier sind andere Qualitäten gefragt, wie wir bald merken. Ich lade ein besonders hübsches und kesses Mädchen auf einen Drink ein. An der Bar gibt es nicht nur Rübenschnaps, sondern natürlich auch Eierlikör und Whiskey. Aber vor allen Dingen, und das zeigt die Gehobenheit des Hauses, auch Wein, und zwar roten und weißen. Der rote schmeckt etwas komisch, finden wir, und der weiße ist das reinste Gurkenwasser. Für die Damen, also die Mädels, gibt es das berühmte Heißgetränk (verdünnte Limonade), hier allerdings kalt. Für Spießer und Geizkragen, die kein Geld ausgeben wollen oder gar keins haben, gibt es auch Bier, das Glas für 20 Reichsmark, also rund drei Zigaretten.

Meine kleine süße Maus, die ich vom Sofa an die Bar gelotst habe, bestellt erst mal einen Cognac. Den hat der Barkeeper nicht, zum Glück, finde ich. Als Ersatz schlage ich einen Eierlikör vor, den die Damen doch so gern mogen.
Die Kleine sieht mich abschätzig an und meint, in solchen Fällen trinke sie dann immer Whiskey. Also bestelle ich zwei Whiskey. 180 Mark will der Barkeeper dafür haben. Okay, sage ich mir, die Kleine ist mir das wert, und lege mein Monatsgehalt auf den Bartresen. Der Keeper streicht mein sauer verdientes Geld ein, gießt in zwei relativ kleine Gläser das teure Nass und schiebt die halb gefüllten Gläser über den Tresen.
Die Kleine nimmt einen großen Schluck, ich nippe nur an meinem Glas. Ich habe zwar noch genügend Knete für eine zweite Runde, aber was dann?
Für diesen Fall ist Alfred in der Nähe.

Im Augenblick trinkt er mit einem schwarzlockigen Fräulein roten Wein. Offenbar hat er es klüger angefangen. Aber ob er mir aushelfen würde, wenn ich eine dritte Runde Whiskey bestelle, ist die Frage. Noch habe ich ja erst die zweite vor mir.
Die erledigt sich dann aber schnell. Die Kleine fragt mich, ob ich ihr eine Zigarette geben könne. Wieder zum Glück habe ich

keine. Sie dreht sich abrupt zu ihrem Nachbarn um, einem glitschigen, pomadisierten Schwarzhändler, und geht ihn um eine Zigarette an. Der bedient sie natürlich sofort und beginnt mit ihr ein Gespräch über die Welt und wie es dazu kam.

Ich stehe da, gucke wohl ein bisschen dumm, bin aber ganz froh, so schnell und gut aus dieser Klemme herausgekommen zu sein. Ich trinke in Ruhe meinen Whiskey, ohne über die Welt und wie es dazu kam, nachzudenken.

Meine Kleine sitzt inzwischen mit ihrem Schwarzhändler auf einem Sofa. Er hat schon seinen Arm vertraulich um ihre Schulter gelegt, und das Gespräch dreht sich offenbar nicht mehr um den Rest der Welt, sondern wohl mehr um den Rest der Nacht und wie er zu verbringen sei.

Ich finde es ganz schön in dieser kleinen Kellerbar. Die Musik ist nett, leise und anspruchslos, das Publikum freundlich, die Frauen gut angezogen, haben schöne Frisuren und manch kostbares Kettchen um den Hals gehängt.

Ich bekomme noch den letzten Zug nach Aumühle. Einen schönen, lehrreichen Abend habe ich erlebt.

Alfred ist es ähnlich ergangen. Er hat mehrere Gläser Wein an mehrere Damen verteilt und sie danach alle an irgendwelche Piefkes verloren, die mit ihren gefüllten Zigaretten-Etuis und Geldscheinbündeln bei den Damen mehr Eindruck gemacht haben als er mit seiner guten Schulbildung.

Trotz dieser Erfahrung sind wir noch ein paar Abende in der Moritz-Bar, immer freundlich begrüßt von Herrn Moritz, der am Eingang so eine Art Gesichtskontrolle macht und uns immer umsonst passieren lässt. Die Damen lassen wir abblitzen. Manchmal verärgern wir sie mit einer blöden Bemerkung wie: „Na, Puppe, heute trägst du wohl mal wieder das Kleid von deiner Mammi. Ist ein bisschen groß, findest du nicht auch?"

Es sind schöne Abende für uns, die neugierig machen auf mehr.

Die Nacht im Tarantella!

Die Gelegenheit auf mehr ergibt sich bald. Jeden Werktag fahre ich mit dem Dampfzug nach Hamburg und zurück, und jedes Mal sitzen rund tausend Leute mit mir im Zug, davon mindestens die Hälfte Frauen und davon wieder mindestens die Hälfte Frauen, die zu mir passen.

Aber von den rund zweitausend Kontaktmöglichkeiten pro Woche ergibt sich keine wirklich brauchbare. Bis auf diesen wunderbaren Montag, wo Inge Rhett aus Versehen in mein Abteil steigt. Sie war eine meiner Klassenkameraden bei der Mozart-Oma und wohl die Einzige, die mir damals mehr als nur einen gelangweilten Blick gönnte. Ich glaube sogar, sie hat mich ein paar Mal angelächelt, natürlich völlig unverbindlich.

Inge kommt von ihrer Tante in Othmarschen, der sie ein paar Äpfel und ein paar Küchenkräuter aus ihrem Garten in Reinbek gebracht hat. Sie freut sich ganz offensichtlich, mich per Zufall im Zug zu treffen, und erzählt mir, wie es denn so geht in der Schule, also völlig normal, und ich erzähle von meinen Tommies, meinem Baumateriallager, also auch alles völlig normal und völlig spießig. Viel zu schnell ist der Zug in Reinbek, wo sie aussteigen muss. Die Chance aber, eine nette Frau getroffen zu haben, auch wenn sie erst 17 ist, will ich mir nicht durch die Finger rutschen lassen. Ich steige auch aus und begleite sie nach Hause. Da ist genügend Zeit, eine oder mehrere Verabredungen zu treffen. Und so kommt es im Laufe des Sommers zu Spaziergängen an schönen Sommerabenden und zum Schwof im Aumühler Schützenhaus am Wochenende. Und von Schwof zu Schwof gefällt mir Inge immer besser.

Als Inge Geburtstag hat, möchte ich ihr etwas ganz Tolles schenken. Ich weiß nur nicht, was, und ich habe ja auch nichts, das ich ihr schenken könnte. So komme ich auf die Idee, ihr eine Nacht im Tarantella zu schenken, eine Nacht mit allem Drum und Dran. Von deutschen Kollegen aus meinem englischen Baubüro habe ich nämlich gehört, dass in der Tarantella-Bar der Bär tobt, da

Die Nacht im Tarantella!

gehe es ordentlich rund, es gebe echten Cognac, richtigen Whiskey und auch Sekt natürlich, allerdings nur zu zeitgemäßen Preisen, also alles unbezahlbar für uns.

Ein Nebeneffekt ist, dass ich bei dieser Gelegenheit mal das deutsche Nachtleben erfahren könnte. Ich bin ja noch nie in einer eleganten Nachtbar gewesen. Also schenke ich ihr diesen Gutschein für eine Nacht im Tarantella, und ein bisschen beschenke ich mich damit auch selbst. Ich muss mich ordentlich anstrengen und auf dem Schwarzmarkt mit allem Möglichen handeln, um das nötige Betriebskapital zu erwirtschaften.

Aber dann, auf dem Geburtstag, nach der feierlichen Gutschein-Überreichung, die große Überraschung. Man glaubt es kaum: Inge zieht eine Flunsch. Sie will nicht.

Warum denn nicht? Keiner versteht sie. So ein tolles Geschenk in dieser ziemlich tristen Welt abzulehnen, einfach so abzulehnen! Auch Inges Mutter ist perplex und anschließend ratlos. Unberührt bleibt der wunderbare Buttercreme-Geburtstagskuchen auf dem Tisch stehen, und der Pfefferminztee fängt an, kalt zu werden.

Aber Inge will tatsächlich nicht, und jetzt fängt sie auch noch an zu weinen.

Tja, was kann man in so einer Situation machen? Am besten, man verdrückt sich. Ich gehe auf die Gartenterrasse, weg von dem großen Kummer, den ich nichtsahnend und voller guter Absicht über diese Geburtstagsfeier gestülpt habe.

Im Garten ist es still, nur die Apfelbäume rauschen ein bisschen. Der Mond steht still am Himmel. Ein paar Wolken ziehen vorbei. Von fern hört man eine Lokomotive pfeifen. Wie romantisch ist dies alles – so kurz nach dem Krieg.

Während ich noch so still in den Abendhimmel träume, kommt die kleine Schwester zu mir auf die Terrasse gerannt und vertraut mir flüsternd an: „Es ist alles wieder gut. Du kannst reinkommen.“

Nichts lieber als das. An der Geburtstagstafel sitzen die Gäste, essen Brombeerkuchen und trinken Pfefferminztee. Alle schwatzen durcheinander. Das Problem ist gelöst. Inge war nur verzweifelt, weil sie nichts zum Anziehen hat, nur ihre weiße Uniformbluse vom BDM, der Nazi-Jungmädchen-Organisation. Jetzt ist alles wieder gut, denn ihre Mutter hat versprochen, mit ihr zu Frau Bichler, der Hausschneiderin, zu gehen und zu fragen, ob man nicht von jemandem aus der Nachbarschaft ein festliches Kleid leihen könnte. Zur Not würde die Mutter auch ihr schönes blaues Cocktailkleid hergeben und es von Frau Bichler für Inges Maße ändern lassen. Also alles eine Frage der Kleidung?

Am nächsten Nachmittag bei Frau Bichler. Freundlich werden wir empfangen, auf die große, voluminöse Couchgarnitur gesetzt und mit Pfefferminztee bewirtet. Am Fenster, neben einem dicken Gummibaum, steht eine ziemlich altmodische Nähmaschine, eine, die noch mit den Füßen angetrieben werden muss. Daneben ein Tischchen mit vielen Kästchen und Gläsern, gefüllt mit Knöpfen, Stecknadeln und Nähgarn. Wir sitzen wie in einer richtigen Schneiderwerkstatt, obwohl Frau Bichler eigentlich Lehrerin ist beziehungsweise war und dies ihr Wohnzimmer ist.

Sie versteht Inges Problem sofort, denn gute Friedensgarderobe ist knapp. Wer noch gute Sachen hat, verleiht sie nicht. Immer wieder hört man, dass die hübschen Kleider und guten Anzüge nicht zurückgebracht, sondern auf dem Schwarzmarkt verscherbelt werden und dann weg sind. Na ja. So ist es eben heutzutage.

Frau Bichler hat aber noch während des Bombardements eine Menge Sachen für sich retten können. Oft haben die Leute damals Betten oder Kleider aus den Fenstern der brennenden Wohnungen geworfen und ihre Möbel auf die Straße geschleppt. Wenn sie dann nach ein paar Tagen nicht wiederkamen, weil sie vielleicht evakuiert worden sind oder aus sonstigen Gründen nicht mehr wiederkommen konnten, zum Beispiel weil sie tot waren, kam Frau Bichler und hat die Kleider gerettet, indem sie alles Brauchbare genommen und in ihren Keller geschleppt hat. Besser haben es die Sachen auf jeden Fall im Keller, weil sie hier vor Regen, Plünderern und dem Bombenhagel geschützt sind.

Wir gehen also in den Keller. Vor dem Eingang eine stählerne Luftschutztür, gesichert mit einem überdimensionalen Vorhängeschloss. Wegen der vielen Diebe, meint Frau Bichler, während sie in ihrer Schürzentasche den passenden Schlüssel findet.
Eine dicke, muffige Kellerluft steht hinter der Tür. Frau Bichler fischt eine Kerze aus ihrer Tasche, die unseren Weg zitternd beleuchtet. Der Gang ist sehr eng. Links und rechts türmen sich schwere Stoffballen bis unter die Decke.
„Das sind alles Wintersachen", erklärt Frau Bichler, „die verkaufe ich jetzt bald, wenn's wieder kalt wird. Das gibt ordentlich Zigaretten und natürlich auch was zu essen."
Sie öffnet eine schmale Tür linker Hand. Wir tasten uns in einen kleinen Raum, in dem unter der Decke, an langen Stangen, Kleider hängen, auch Mäntel oder Anzüge. „Dies hier sind die besseren Sachen, etwas für feine Gelegenheiten", meint sie und kichert ein bisschen.
Inge ist an der Tür stehen geblieben. Im grauen Kerzenlicht kann man sie kaum sehen. Sie dreht sich langsam um und geht, sich an den Stoffballen entlangtastend, zum Ausgang.
Ich kann mir gut vorstellen, dass ihr etwas mau geworden ist bei dem Gedanken, eines dieser Kleider anzuziehen, von denen man nicht weiß, wer sie vorher einmal getragen hat und wo der oder die jetzt sein mögen.
Höflich verabschieden wir uns von der ach so netten und lebenstüchtigen Frau Bichler. Ich bringe Inge und ihre Mutter nach Hause. Das gehört sich schließlich so.

Ein paar Tage später ist alles in Ordnung. Die Hilfe von Frau Bichler hat sich erledigt. Inges Mutter hat ihr schönes, blau-seidenes Cocktailkleid für das Geburtstagsfest im Nachtclub Tarantella ändern lassen. Inge sieht toll aus und ist glücklich, weil ihr

außerdem eine Nachbarin ein paar relativ hochhackige Tanz-
schuhe geliehen hat.

Ich habe ähnliche Probleme zu bewältigen. Mein Konfirmationsan-
zug war ein Raub englischer Flammen geworden, und so hilft zum
Glück unser Nachbar aus. Allerdings muss meine Mutter die Hose
etwas enger machen. Ich fühle mich wohl in dieser seltsamen Ge-
sellschaftsverkleidung.

Vaters weißes Sonntagshemd wird mit der Hand gewaschen und
vorher, mit der anderen Wäsche zusammen im großen Wasch-
kessel, der im Keller steht, gekocht. Zwei bis drei Stunden dauert
es, bis die Hemden so richtig weiß sind wie in Friedenszeiten. Der
Kragen wird vor dem Bügeln mit selbst gemachtem Kartoffelmehl
gestärkt, damit er proper sitzt und die Krawatte, auch vom Vater,
richtig zur Geltung kommt.

Leider hat Vater keine richtigen Schuhe, sondern nur Stiefel, die
er bei seiner Entlassung von der Wehrmacht geschenkt bekam.
Seine richtigen Schuhe, fünf Paare, sind leider auch verbrannt.
Aber Bruder Martin hatte noch zu seiner Konfirmation ein paar
schwarze Schuhe bekommen, die dem damaligen Nachbarn zu
klein waren. Aber ihm, und damit auch mir, passen sie perfekt.

Ich treffe Inge am Bahnhof in Reinbek. Sie ist aufgeregt und kann
sich gar nicht vorstellen, wie so ein Gala-Abend ablaufen könnte.
Ich war da schon etwas erfahrener, denn im Kino, in den Liebes-
filmen, gibt es ja oft Liebesszenen, die in irgendeiner Bar beginnen und dann ein paar Hundert Filmmeter später in einer glanz-
vollen Hochzeit enden.

Ich habe mir ein ordentliches Kontingent englischer Zigaretten besorgt und einen Teil davon in Reichsmark gewechselt. Es kann
nichts schiefgehen, bis auf das Ende der Party: Der letzte Zug fährt
nämlich schon kurz nach 22 Uhr vom Hauptbahnhof ab, und da ist
die Gala-Party ja wohl noch in vollem Gange.

Ich hatte mich um ein Hotelzimmer bemüht, aber keins bekommen. In einigen von den Engländern besetzten Hotels gibt es

noch freie Zimmer. Die dürfen aber nur von Engländern benutzt werden. Auch ich bekomme die nicht, obwohl mein 209tes Baubataillon im „Streit's Hotel" am Jungfernstieg ein Kontingent von 20 Zimmern besitzt, die immer leer stehen.

Immer wieder gibt es deswegen Streit zwischen dem Hamburger Senat mit dem Bürgermeister Max Brauer an der Spitze und dem englischen Gouverneur Berry, der bis in die Hamburger Zeitungen durchschlägt. Aber selbst Berry kann sich gegen seine Militärverwaltung nicht durchsetzen. So ist es ein andauerndes Übel für die Hamburger, dass von den 2100 beschlagnahmten Betten jede Nacht über 500 leer bleiben.

Als Ausweg bleibt uns die Moritz-Bar, die ja immer bis zur Morgendämmerung geöffnet ist. Inge zeigt sich mit dieser Lösung einverstanden, und so fahren wir in der ersten Klasse, in schicker, aber gepumpter Abendkleidung mit dem Abend-Dampfzug nach Hamburg.

Inge sieht etwas altmodisch aus, aber das Cocktailkleid ihrer Mutter steht ihr gut. Ich finde, es sitzt wie angegossen. Auch die Länge stimmt vollkommen. Nur oben herum ist es etwas zu weit. Mir macht das nichts, denn ich rechne mit einem halbdunklen Ambiente wie in der Moritz-Bar, und da fällt so etwas nicht auf.

Aber eigentlich bin ich nur verwöhnt von den schicken Abendkleidern, die amerikanische Models in den internationalen Zeitschriften vorführen. In Reims, und das war vor zwei Jahren, hatten fast alle amerikanischen Offiziere zum Beispiel Abonnements der „Vogue" und ließen mich darin herumblättern. Ich sollte lernen und sehen, dass es in der Welt auch Schöneres zum Anziehen gab als die Nazi-Uniformen.

Da wir am frühen Abend in dem Erste-Klasse-Abteil nach Hamburg alleine sitzen, knöpft Inge ihr Kleid auf und zeigt mir kichernd ihren Büstenhalter. Das ist ein rosa Monstrum, wie ich finde, und viel zu groß. Zwischen Busen und dem stützenden Stoffpolster ist noch eine Menge Luft. Es ist der Büstenhalter ihrer

Mutter. Den zieht sie immer bei feierlichen Gelegenheiten an, bei Hochzeiten, Taufen oder Beerdigungen. Den BH muss Inge anziehen, befiehlt die Mutter, denn ohne BH sei es unschicklich. Na ja.

Wir fahren mit der S-Bahn bis zum Dammtorbahnhof und gehen die paar Schritte zur Esplanade.

Und hier ist es wie im Kino. Vor der Tür steht ein Portier in einem mit Goldfransen betressten Mantel, mit Gold an der Mütze und weißen Handschuhen. Er deutet eine Verbeugung an, lüftet leicht seine Schirmmütze und macht für uns die Tür auf.

Drinnen ein Herr im Frack, unglaublich elegant, der Geschäftsführer. Auch er deutet eine Verbeugung an und weist nach links zur Garderobe. Ich habe zwei 50-Reichsmarkscheine in der Tasche und in der anderen Tasche großes Kleingeld, für den Fall, dass wir Eintritt bezahlen müssen. Aber nichts dergleichen. Inge gibt ihren Regenmantel ab, und zum Vorschein kommt ihr schönes, aber leicht altmodisches Cocktailkleid. Das Garderobenfräulein, wohl eher eine Garderobenfrau, wenn nicht sogar eine Garderobenoma, lächelt freundlich und etwas herablassend und gibt mir die Garderobenmarke.

„Was bekommen Sie", frage ich, und sie antwortet gelangweilt: „Nach Belieben."

Nach Belieben? Was heißt denn das nun wieder? Ich überspiele die aufkommende Unsicherheit und greife in meine Brusttasche.

Weltmännisch hole ich ein Bündel Geldscheine heraus, und zwar so, dass es der Geschäftsführer an der Tür auch sehen kann. Auch er lächelt, wohl wissend, dass zwei Nachkriegskinder dabei sind, ihre ersten Schritte in die große Welt zu setzen.

Ich ziehe einen 20-Markschein aus dem Bündel und überreiche ihn der Garderobendame, unsicher, ob das genug ist oder zu wenig. 20 Mark sind immerhin zwei Maisbrötchen oder drei Zigaretten.

Sie lächelt, deutet einen Knicks an und verschwindet mit Inges Regenmantel im Hintergrund.

Es kommt ein zweiter eleganter Herr, ebenfalls im Frack. Es ist der Oberkellner. Er geleitet uns an einen Tisch links vorn, dicht an der Bühne, auf der die Kapelle ihre Instrumente putzt.

Die Einrichtung im Tarantella ist ganz anders als in der Moritz-Bar. Sie ähnelt sehr den Dekorationen, die ich aus Revuefilmen kenne. Weiße Wände mit goldenen Verzierungen und schweren, dicken roten Vorhängen mit Bordüren an den Ein- und Durchgängen. Ein großer Kronleuchter hängt in der Mitte über der Tanzfläche, und in den Gängen sorgen lauter kleine goldene Wandleuchten für sanfte Beleuchtung. Ich bin überrascht über dieses protzige Ambiente, das so gar nicht zur Trümmer- und Hungerwelt draußen vor der Tür passt.

Das Etablissement ist halb gefüllt, mit Damen und Herren, die sonst wahrscheinlich als Komparsen in Operettenfilmen sitzen.

Kaum haben wir Platz genommen, kommt ein dritter eleganter Herr, jetzt aber nur in einem dunklen Anzug. Es ist der Tisch-kellner. Auch er verbeugt sich und fragt, ob wir essen möchten. Ich bin überrascht. Damit habe ich nicht gerechnet. Essen in einem Nachtclub, das finde ich komisch. Inge findet das wohl auch, aber sie begreift sofort, dass es hier um Geld geht.

„Nein danke", sagt sie „wir wollen nur etwas trinken."

Ich bin geplättet über ihre Geistesgegenwart und staune.

Der Kellner hat wohl schon damit gerechnet, denn eine Speisekarte hat er gar nicht dabei. Unter seinem Arm klemmt nur eine Ledermappe, die er beim Überreichen aufklappt, damit ich sehen kann, dass es sich um die Weinkarte handelt.

Es ist eine Menge Wein, die da angeboten wird. Vorne auf der ersten Seite steht der Sekt. Es gibt ihn auch glasweise.

Dann weiter beim Umblättern, auf jeder Seite wohl zehn Weine mit Preisen in der Höhe mehrerer Monatsgehälter. Der teuerste Wein kostet 1800 Reichsmark, das sind etwa 300 Zigaretten, also gar nicht mal so teuer, finde ich.

Ich bestelle einen Rotwein mit einem unaussprechlichen französischen Namen. Lieber keinen Weißwein. Nach der Erfahrung mit dem Gurkenwasser in der Moritz-Bar.

Schön wäre es gewesen, man hätte von dieser verschmockten Nachtbar an der Esplanade ein paar Fotos zeigen können. Wir haben leider keine gefunden. Es gab nur ein Arbeitsfoto von einem Bierauto vor dem Eingang. Aus dieser Vorlage hat Nina Schwenke vom Hamburger Denkmalschutzamt ein Bild montiert, das zeigt, wie wohl der Eingang zur Nachtbar ausgesehen haben könnte. Nun stelle man sich vor, abends, links neben der Tür der rotsamtene, goldbetresste Portier, etwas weiter hinten eine Dame im Abendkleid und daneben der Empfangschef, alles mit Kneipenlicht erhellt. So weit die Fantasie. Die Wirklichkeit ist: Ein Restaurant mit Tanzbar gab es hier schon seit 1941. Und die edle, rot gepolsterte Inneneinrichtung stammt nicht aus der Reichsmarkzeit, sondern ist sehr viel älter.

Die Nacht im Tarantella!

Die Kapelle hebt an, irgendeinen deutschen Schlager zu spielen, und der Ober serviert den roten Wein. Wie in der großen Welt üblich, gießt er erst einen Schluck in mein Glas, und als ich ihn etwas ratlos ansehe, fordert er mich auf, zu probieren, ob der Wein auch gut sei. Ich habe volles Vertrauen in dieses Etablissement, winke großspurig ab und gebe damit zu verstehen, dass ich keinen Zweifel an der Qualität des Weines habe.

Das irritiert den Ober natürlich, weil die normalen Gentlemänner aus der Schwarzmarktszene in dieser Bar den Wein immer probieren, egal ob sie etwas davon verstehen oder nicht. Aber er begreift sehr schnell, dass wir Newcomer, sogenannte Greenhorns, sind, und kippt den Wein mit Schwung in Inges Glas und in meins.

Ob der Wein nun gut ist oder nicht, kann ich nicht beurteilen. Aber er schmeckt angenehm.

Der Abend beginnt. Die Bar füllt sich, und wir tanzen. Inge ist da viel besser als ich. Sie ist gelöst und wiegt sich in oder gegen meine Arme. Ich gebe mir Mühe, und nachdem ich ihr einige Male auf die Schuhspitzen getreten bin, geht sie etwas auf Abstand.

Ich bin verlegen. Aber als ich sehe, dass die anderen Paare auch nicht gerade versierte Tanzkünstler sind, tanze auch ich etwas unkonventionell, und es ist wunderbar.

Der Wein schmeckt von Glas zu Glas besser. Und plötzlich ist die Flasche leer. Doch der Service ist perfekt. Ohne dass ich etwas sagen muss, ist sofort eine zweite Flasche da und wird mit einer Verbeugung des Obers serviert. Er fragt zwar noch der Form halber, ob die neue Flasche recht ist, aber ich brauche mich gar nicht zu entscheiden. Der Ober hat schon für mich entschieden.

Eigentlich hätten wir diese neue Flasche nicht akzeptieren dürfen, denn es ist kurz vor zehn und in einer halben Stunde fährt unser Zug nach Aumühle. Aber Inge ist strikt gegen eine Beendigung des Abends und einen schnellen Aufbruch zum Hauptbahnhof. Der Wein hat sie glücklich gemacht und sie genießt den Abend so richtig. Ich übrigens auch, und so gibt es keine Diskussion, ob Aufbruch oder nicht. Wir werden einfach so lange hier bleiben, bis das Tarantella schließt und wir vor die Tür komplimentiert werden.

Inge schlägt vor, dann bis zur Abfahrt des ersten Zuges am Morgen einfach an der Alster spazieren zu gehen. Sehr guter Vorschlag.

Wir tanzen weiter und weiter und weiter. Inzwischen gibt es auch englische und amerikanische Stücke, und der Abend scheint für uns kein Ende zu nehmen.

Für die anderen Gäste schon, denn es wird langsam leerer. Und mit einem Mal sind wir die Letzten. Es ist vier Uhr. Die Kellner räumen die Tische ab, einige Stühle werden hochgestellt, und dann kommt der Oberkellner zum Kassieren.

Der Wein hatte mich in eine angenehme, leichte, schöne Stimmung gehoben. Aber jetzt stürze ich ab. Der Oberkellner, immer noch lächelnd wie am Anfang des Abends, legt einen Zettel auf den Tisch. Da steht groß und deutlich die Zahl 650.

Mit so viel habe ich nicht gerechnet. 650 Mark sind fast 110 Zigaretten oder 15 Sack Zement. Monatsgehälter sind es drei.

Im Gegensatz zu mir hat Inge die Brisanz der Lage noch nicht begriffen. Sie sagt sehr nett zu dem Oberkellner, dass unser Zug erst gegen halb sechs vom Hauptbahnhof abfahren würde, und ob wir nicht so lange hier bleiben dürften. Draußen wäre die Nacht sicher kalt.

Ich murmele etwas von „Das wäre sehr nett" und suche meine Geldscheine zusammen, die ich vorsichtshalber, um sie nicht zu verlieren oder damit sie mir nicht gestohlen werden, in verschiedenen Taschen untergebracht habe. 650 Mark sind das bestimmt nicht. Der Oberkellner, ein sehr freundlicher Mann, lächelt immer noch und fragt mich, während ich meine Taschen umdrehe, wie viel Geld ich denn hätte. Ich komme auf 340 Mark.

Das Lächeln verschwindet. Ohne Lächeln sagt der Mann, dass das so nicht gehe und wie ich mir die Bezahlung vorstellen würde. Ich habe keine Ahnung und sage einfach, ich würde den Rest in den nächsten Tagen vorbeibringen.

Und Inge ergänzt mein Angebot und sagt, natürlich würden wir das Geld in den nächsten Tagen bringen, und ob wir nun noch etwas hier bleiben dürften.

Inges Selbstverständlichkeit irritiert den Mann offensichtlich. Was soll er auch machen? Die Polizei holen und mich wegen Zechprellerei verhaften lassen? Wohl kaum. Eher hätte die Polizei ihn mitgenommen, wegen Schwarzmarkterei und vermutlich anderer schlimmer Verbrechen.

Was bleibt ihm also übrig. Mit ernster, erhobener Stimme spricht er eindringlich auf mich ein, ich müsste, und so weiter und so weiter.

Inge interessieren seine väterlich gemeinten Ermahnungen nicht. Sie will wissen, ob wir hier den Zug abwarten können.

Die Kapelle hat inzwischen gemerkt, dass es ein kleines Problem mit uns gibt. Der Klavierspieler kommt an unseren Tisch, ergreift unsere Partei und fängt an, den Oberkellner zu beschimpfen. Offenbar ist der, trotz seines Fracks, ein simpler Kumpel von ihm und auch ein armes Schwein. Der Oberkellner wird wieder freundlich und nimmt unser Angebot der späteren Zahlung an. Und merkwürdig genug: Als Zeichen seines guten Willens erlaubt er uns sogar, in der Bar zu bleiben, bis der erste Zug fährt. Diese Erlaubnis fällt ihm leicht, weil auch die zwei Musiker auf eine erste Bahnverbindung warten müssen.

Und plötzlich beginnt, eigentlich ohne Vorankündigung, der zweite und schönere Teil des Abends. Oder muss man sagen: des Morgens? Der Geiger holt seine Geige wieder aus seinem Geigenkasten, der Pianist schiebt seinen Stuhl vor das Klavier, klappt es auf, und die beiden fangen an zu spielen, nur für uns, Tanzmusik der schmachtenden Sorte.

„Roter Mond" oder „Nachts ging das Telefon" von Zarah Leander oder „Lili Marleen" von Lale Andersen oder „Tango Notturno".

Es ist wunderschön. Wie im Traum schweben wir über die leere Tanzfläche. Alles ist vergessen. Keine kalten Wohnungen mehr, keine Wassersuppen, keine Brotkarten, keine Sorgen wegen der ungewissen Zukunft. Carpe diem!

Gegen halb sechs kommt die Putzfrau und macht unserer Traumwelt ein Ende. Der Pianist klappt sein Klavier zu, die Geige wird wieder eingepackt, ich hole Inges Regenmantel aus der Garderobe und wir trödeln zum Bahnhof.

Ich kaufe wieder zwei Fahrkarten erster Klasse am Fahrkartenschalter, weil, so denke ich mir, dieser Abend schließlich fulminant ausklingen muss. Der Schalterbeamte in seiner abgewetzten Uniform guckt uns irritiert an. „Erste Klasse?", fragt er noch mal. Aber dann findet wohl auch er, dass so ein eleganter Herr mit dieser eleganten Dame um diese Morgenzeit selbstverständlich nur erste Klasse fahren kann. Devot schiebt er uns die beiden Karten durch sein kleines in Pappe gerahmtes Schiebefenster.

In den burgunderroten Erste-Klasse-Polstern rollen-rattern-schweben wir wie auf Wolken nach Hause. Ich küsse Inge fulminant, so wie ich ganz früher nur meine erste Liebe geküsst hatte. Ihren riesigen Büstenhalter montiert Inge ab, und wir liegen uns in den Armen wie ein großartiges Liebespaar im Kino. Es gibt auch Petting, obwohl wir damals den Namen für diese Streicheleinheiten noch nicht kannten.

In Reinbek treffen wir die ersten Mitglieder der arbeitenden Bevölkerung, die zum Bahnhof gehen, von dem wir gerade kommen. Wegen unserer feinen Abendkleidung sehen sie uns nicht besonders freundlich an.

Aber das ist uns egal. Wir haben den schönsten Abend der Reichsmarkzeit erlebt.

Der Tanz in der Nacht auf dem Parkett des Tarantella von Inge und mir ist also nicht wiederholbar. Das gilt übrigens für alles auf dieser Welt, nicht nur für Tanzbars.

Leider war es auch der letzte, denn meine schöne Schulfreundin wurde zu ihren Großeltern nach Göttingen geschickt. Dort gab es auch eine Schule, aber viel wichtiger war: Es gab auch genug zu essen. Der Großvater war Prokurist in einer Wurstfabrik und die durfte, mit neuem Segen der Engländer, wieder Würste machen.

Die Nacht im Tarantella!

Die Apfel-Tour mit der Militärpolizei

Wir sitzen im Café Fischer. Alfred macht ein bedeutendes Gesicht. Einer seiner Freunde hätte sechs große Säcke voller Äpfel organisiert. Leider nicht hier, sondern im Alten Land. Das ist ein großes Obstanbaugebiet hinter der Elbe.

Das Problem ist der Transport der Äpfel über die Elbbrücken nach Hamburg. Er hätte einen honorigen Abnehmer, aber der würde erst zahlen, wenn die Ware bei ihm angekommen sei.

Alfred hat schon einen Lastwagen mit einem englischen Fahrer an der Hand. Der Engländer will die Fuhre auch übernehmen. Aber er braucht einen wegekundigen, deutschen Dolmetscher, damit er mit seinen Äpfeln nicht in der Walachei landet.

Und dieser wegekundige, deutsche Dolmetscher sei ich, meint Alfred.

Ich habe überhaupt keine Lust, und mir ist die Sache auch zu windig. Sechs Säcke mit Äpfeln ist schließlich kein Schwarzmarkt mehr wie der Handel mit Zigaretten oder Brotmarken.

Alfred bedrängt mich. Es gebe niemanden, dem er so vertrauen würde, und überhaupt seien die Äpfel für den Kindergarten der Kirchengemeinde in Winterhude bestimmt. Das war ein kräftiger Schlag mit dem moralischen Hammer. Kinder, die niemals Obst oder frisches Gemüse bekämen, hätten mit den Äpfeln die Möglichkeit, nicht nur satt zu werden, sondern auch ihre Gesundheit zu stabilisieren. Der Pastor würde auch nur den Fahrer und mich bezahlen, denn die Äpfel kämen über ein Gemeindemitglied, dessen Bruder im Alten Land die Äpfel als Fallobst gesammelt hätte. Mein Gott, war das wieder kompliziert. Alfred appelliert an den guten Menschen in mir und hat damit Erfolg. Natürlich werde ich das machen, und ohne Bezahlung selbstverständlich.

Schon am nächsten Morgen kommt Eddy, der avisierte Engländer, in mein Büro.

Ich schreibe einen Transport-Voucher (Fahrbefehl) aus, was ich ja noch von der Wehrmacht kenne, und schon geht es los.

Ein schöner Herbsttag. Ohne Probleme kommen wir über die Elbbrücken. Keine Kontrolle hält uns auf.

Die Apfel-Tour mit der Militärpolizei

Den Apfelbauer können wir leicht finden. Er wohnt direkt am Elbdeich. Die Äpfel sind tatsächlich Fallobst. Das können wir leicht erkennen, denn viele haben Druckstellen, und einige sind schon angefault. Die Bäuerin hat, wie immer bei solchen Gelegenheiten, eine Tasse guten Kaffee gekocht, und jeder von uns beiden bekommt ein Butterbrot. Herrlich, dieser Buttergeschmack. Wie lange habe ich schon kein richtiges, dickes Butterbrot mehr bekommen. Auch Eddy schmeckt das deutsche Butterbrot. Wer weiß, was er in seiner Kantine sonst alles essen muss.

Der Bauer hilft uns, die Säcke auf den Laster zu wuchten, und ab geht es Richtung Hamburg-Winterhude.

Es dämmert schon, als wir die Auffahrt zu den Elbbrücken hochfahren.

Doch kaum sind wir oben, stoppt Eddy, flucht und zeigt nach vorn. Vor der Brücke stehen ein paar Militärpolizisten und kontrollieren jeden, der die Brücke passieren will.

God gracious, was nun? Aber dann fällt mir mein Transport-Voucher ein, und ich sage mir: Frechheit siegt. Wir sollten es einfach probieren. Mal sehen, ob die MPs das merken. Wahrscheinlich nicht.

Doch bevor ich Eddy sagen kann, dass wir es riskieren sollten, gibt er ordentlich Gas, macht eine scharfe Kurve quer über die Autobahn und nagelt los, zurück ins Alte Land.

Es passiert blitzschnell. Ich kann kaum denken: so was Blödes. Im Rückspiegel sehe ich, wie die Militärpolizisten in ihre Jeeps springen. Mit laut jaulender Sirene und einer Affenfahrt kommen sie heran, und an der nächsten Kreuzung stoppen sie uns.

Ein Jeep stellt sich quer.

Mit vorgehaltener Maschinenpistole schreien sie laut „Hands up", zerren uns aus dem Wagen und schubsen uns gegen die Motorhaube. Ich bekomme einen ordentlichen Stoß in den Rücken. Auch Eddy wird nicht glimpflicher behandelt, endlich mal Gleichbehandlung für die Army und die Wehrmacht, Engländer und Deutsche. Zwei Militärpolizisten klettern auf die Ladefläche. Sie lachen, als sie unsere Ladung sehen. Jeder nimmt sich einen

Die britische Militärpolizei ist im Umgang mit der deutschen Bevölkerung sehr zurückhaltend, fast freundlich. Hier auf dem Foto kontrolliert ein englischer Militärpolizist den Kartoffelsack einer alten Frau. Was er da wohl sucht? Doch nicht etwa Zigaretten!

Die Apfel-Tour mit der Militärpolizei

Apfel, beißt hinein und springt wieder runter. Eddy muss seine Papiere abgeben und ich meinen Hausausweis von der 209ten. Es gelingt mir gerade noch, den Voucher in meiner Hosentasche zu verstecken.

Die MPs scheinen ganz fröhlich zu sein. Endlich haben sie mal zwei Verbrecher gefasst, einen Deutschen und einen Engländer. Wer weiß, welche kriminelle Gruppe hinter diesem Fang zu finden ist. Auf jeden Fall sind wir für sie mehr als nur ein paar halb verhungerte Schwarzmarkthändler.

Ich werde in einen Militär-VW gestopft. In rasendem Tempo geht es durch die Stadt, durch Hammerbrook, am Berliner Tor vorbei, die Sierichstraße hinauf, nach Norden in die Alsterdorfer Kasernen, die jetzt Jellicoe-Barracks heißen.

Mich stecken sie in eine Arrestzelle, gleich neben der Torwache. Schluss, aus. Hier komme ich zum Nachdenken, was aber nicht viel bringt. Wer könnte mir jetzt aus dieser misslichen Lage heraushelfen? Meine Eltern sicher nicht und auch nicht Alfred. Der würde sich hüten, als Mitglied der Apfel-Gang aufzutreten. Die Sekretärinnen Conny und Anneliese? Wohl kaum. Die Sergeanten der 209ten? Wegen guter Führung und so? Oder vielleicht auch Major Holt, dem seine Frau sicher erzählt hatte, was für ein netter junger Deutscher den Waschbeckencoupon abgeliefert hatte?

Sehr unwahrscheinlich.

Mein Nachdenken wird unterbrochen durch einen bärbeißig aussehenden Corporal. Er schmeißt ein Tablett auf das Tischchen in der Zelle, grinst mich aber ganz freundlich an, brummt „Have a nice night" und geht wieder.

Auf dem Tablett mein Abendbrot: zwei Scheiben wunderbares Weißbrot, ein Klacks Corned Beef und eine dicke Scheibe Käse. Dazu ein Glas Tee. Ich finde die Behandlung fürstlich.

Nachts friere ich ziemlich. Eine dünne Decke ohne Mantel ist ja auch nicht genug.

Morgens, zum Frühstück, gibt es wieder einen Becher heißen Tee und eine Scheibe klitschiges Hamburger Maisbrot. Siehe da! Der deutsche Lebensstandard hat die britische Militärpolizei erreicht. Am späten Vormittag werde ich Major Holt vorgeführt. Er schnauzt mich an, sehr britisch, sehr höflich, eben ein englischer Gentleman. Die Sache mit den Kirchenkindern beeindruckt ihn sichtlich.

Dann darf ich nach Hause gehen. Aber am anderen Tag soll ich pünktlich zur Arbeit kommen. Das Weitere würde ich erfahren. Aber ich erfahre das Weitere nicht mehr. Irgendwie läuft sich die Apfelsache tot.

Allerdings höre ich von Alfred, dass der nette, aber irgendwie für Verbrecherei ungeeignete Eddy nach England zurückgeschickt wurde. Die Äpfel bekommt wie geplant die Hamburger Kirchenverwaltung zur Verteilung an die Kinder ihrer Gemeindemitglieder. Meine Verbrecherlaufbahn ist damit schon beendet.

Ärger bei der 209ten

Auch sonst gibt es Ärger bei der 209ten, weil der Prestigebau des Baubataillons, der Victory Club im ehemaligen Deutschlandhaus am Valentinskamp, immer noch nicht fertig ist.

Major Holt und Staff Seargent Williams verteidigen sich und machen die vielen Änderungswünsche der Army- und Navy-Offiziere für die dauernden Verzögerungen verantwortlich.

Die beiden deutschen Architekten finden das „Herumgebaue" absurd und lachen über die naiven Anforderungen der GCC (German Control Commission).

Geplant und zum Teil schon fertig ist dagegen das repräsentative Zentrum der englischen Besatzungsmacht in dem ehemals größten Kino Europas, dem Ufa-Palast von 1929 am Gänsemarkt (2667 Plätze auf sieben Stockwerken).

Wenn es je fertig werden würde, könnte man im größten Dining Room der Welt Mittag essen und sich in einer riesigen altdeutschen Bierstube betrinken.

Vier Kantinen sollten für den schnellen Hunger und den hastigen Durst bereit sein. In einem Reisebüro würde man die Sehnsucht nach der Ferne stillen und in einem Souvenirshop Erinnerungen kaufen. All dies wäre über eine besonders breite Treppe zu erreichen, die extra eingebaut wurde. Oben gäbe es auch einen Tanzsaal, aus dem später 42 Hotelzimmer würden. Das Prunkstück ist ein Fischrestaurant, in dem das Teuerste der Marmorfußboden ist. Allerdings wird dieser Fußboden wieder herausgerissen, weil er für den Fischbetrieb unpraktisch ist. Es gibt auch eine Wäscherei und eine Offiziersmesse. Alle Räume sind mit einer Holztäfelung ausgestattet. Der Plan eines Kinos mit 350 Plätzen wird allerdings nicht mehr verwirklicht.

Die Aufregung im Senat und bei der Bevölkerung über den Bau und Umbau des „Hamburg-House" ist erheblich. Nicht nur, dass die Hamburger im Laufe der Jahre viele Millionen Deutsche Mark dafür bezahlen mussten. Es gingen dadurch auch große Mengen des knappen Baumaterials für den Wohnungsbau ver-

Das ist er also, der ursprüngliche Ufa-Palast am Gänsemarkt in Hamburg, erbaut 1929, mit 2667 Plätzen einst das größte Kino Europas.

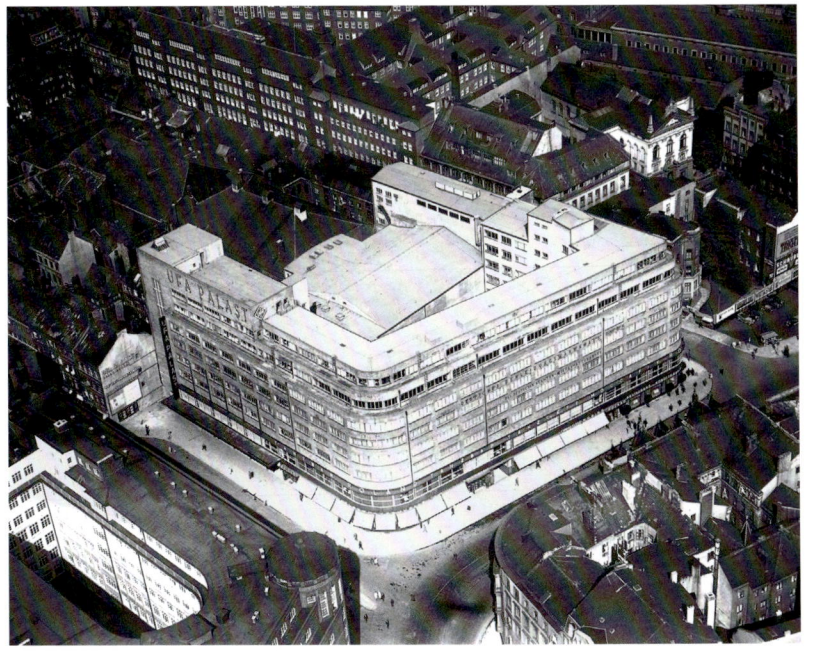

loren. Anstatt das Baumaterial dort zu verschwenden, wäre dies für die vom Bombenkrieg beschädigten Häuser dringend nötig gewesen, wettert der Bürgermeister Max Brauer. Eine Untersuchungskommission von sieben englischen Parlamentariern kommt aus London angereist, unterstützt die Argumente des deutschen Bürgermeisters und verurteilt die Verschwendung der Army energisch.

Trotz der vielen und scharfen Proteste wird bei unserer 209ten der Umgang mit Baumaterial noch lässiger.
Es ist inzwischen fast üblich, dass Material auch ohne meine Materialscheine ausgegeben oder der Umfang der Lieferung vergrößert wird. Statt zwei Sack Zement, die auf meinem Zettel stehen, gibt es zwölf Sack, weil angeblich die Zeit nicht reiche, um einen neuen Zettel zu holen.
Inzwischen gibt es auch hochwertiges Baumaterial wie zum Beispiel verchromte Wasserhähne, Tapeten oder Gardinen mit und ohne Gardinenstange. Für diese neuen Materialien ist die Gegenzeichnung eines Offiziers vorgeschrieben.

Am 18. Juni 1944 brennt der Ufa-Palast ab (Foto). Die 209te baut dann 1946 in die Ruine das „Hamburg House", das größte Amüsierzentrum der britischen Besatzungszone.

Man kann verstehen, dass die Lagerstätten und die dafür notwendigen Büros bald nicht mehr ausreichen, um das viele neue Material übersichtlich aufzubewahren.

Das erkennt auch mein Chef, der Staff Sergeant Williams. Er schafft eine neue Planstelle für eine Materialbuchhalterin, die mir zugeordnet wird. Das ist Erika Allert, eine seriöse Dame von 29 Jahren. Sie war bis Ende des Krieges Abteilungsleiterin bei der Neuen Sparkasse von 1864 und ist seither arbeitslos.

Jetzt wird sie meine rechte Hand, und ich lerne bei ihr die Buchhalterei.

Ärger bei der 209ten

Eine Liebe ohne Ende

s ist Sympathie auf den ersten Blick. Wie fast alle Damen aus gutbürgerlichem Hause interessiert sie sich für Kunst, Musik und Literatur einschließlich Theater und Kabarett. Ich bereue jetzt, dass ich bei der Oma im Reinbeker Gymnasium nicht immer so richtig aufgepasst und deshalb auch so wenig gelernt habe. Also nehme ich in diesen Fächern Nachhilfeunterricht bei Frau Erika Allert, aber auch bei mir selbst, indem ich mir Nachschlagewerke in Mengen besorge. Das ist nicht einfach, denn Bibliotheken sind ähnlich knapp wie Brot oder Kohlen. Abhilfe schaffen die Kulturhäuser der Alliierten. Das Amerikahaus an der Ecke Lombardsbrücke und Ballindamm ist die beste Adresse. Hier ist die größte Leihbibliothek. Aber auch die Englische Brücke in der Esplanade hat viel interessantes Lesematerial zur Ausleihe bereit. Besonders komfortabel ist, dass die Lesesäle in diesen Häusern angenehm beheizt sind.

Die meisten Bücher und Zeitschriften lese ich dann im Aumühler Dampfzug. Der braucht morgens eine Stunde von Aumühle nach Hamburg und abends die gleiche Zeit zurück. Zwei Stunden Lesezeit pro Tag, das sind zwölf Stunden in der Woche, denn samstags wird selbstverständlich gearbeitet. Und ich bin nicht der Einzige, der im Zug liest. Bei dieser Massen-Lesebewegung merke ich, dass es offenbar einen unglaublichen Lesehunger und ein großes Bildungsbedürfnis gibt. Im Theater, Konzert und in der Oper ist es genauso. Selten bekommt man Theaterkarten, und für die Oper gibt's nur Karten über Beziehungen oder mit Glück.

Ich gehe oft mit Erika Allert zusammen ins Theater oder in ein Konzert und lerne eine Menge von ihr. Ich mag sie sehr gern und suche ihre Nähe. Aber sie ist sehr reserviert, und als ich einmal ganz vorsichtig versuche, in einem Konzert meine Hand auf ihren Oberschenkel zu legen, so wie ich es bei Conny gelernt hatte, reagiert sie schroff und schiebt meine Hand energisch beiseite.

Die Theater hatten den Krieg erstaunlicherweise relativ gut überstanden. Zwar war das Schauspielhaus von den Engländern für ihre Besatzungssoldaten beschlagnahmt worden, es hieß jetzt Garrison Theater, dennoch gab es eine sehr gute Ersatzbühne im Gewerkschaftshaus in der Großen Allee, die heute Adenauerallee heißt. Das Thalia-Theater lag zwar in Trümmern, aber die Kammerspiele mit der neuen Intendantin Ida Ehre spielten wieder, ebenso das Altonaer Theater im Altonaer Museum. In vielen kleineren Sälen etablierten sich freie Gruppen. Die spielten hauptsächlich moderne ausländische Stücke.

Die traditionellen Bühnen dagegen fühlten sich mehr den traditionellen Theaterstücken verpflichtet.

Unvergesslich ist mir Lessings „Nathan der Weise", den Fritz Schütter mit Ernst Deutsch in der Hauptrolle in seinem „Jungen Theater" am Dammtorbahnhof, im ehemaligen Groß-Restaurant „Remter", inszenierte.

Das entbehrt nicht einer gewissen Tragikomik. Das Remter war nämlich in der Nazi-Zeit eine Art Hamburger Hofbräuhaus. Hier trafen sich die Ortsgruppen- und Kreisleiter, Parteiführer aller Ränge, SA- und SS-Führer und überhaupt die ganze Nomenklatur der Partei, weil gleich nebenan im Nachbarhaus der Gauleiter von Hamburg, Karl Kaufmann, residierte.

Auf der Bühne, auf der noch vor wenigen Jahren die Obernazis rumgebrüllt und die Vernichtung aller Juden angekündigt hatten, sprach nun der Jude Nathan, freundlich, verhalten, besonnen, das Unglück der Menschen verstehend.

Heute spielt das Junge Theater unter dem Namen „Ernst Deutsch Theater" im ehemaligen Ufa-Kino Mundsburg.

Richtig schlimm hatte es nur die Oper in der Dammtorstraße erwischt. Der Zuschauerraum, das Foyer und viele Büro- und Probenräume waren zerstört. Nur die Bühne hatte, wohl wegen des eisernen Vorhangs, den Bombenkrieg fast unbeschädigt überstanden. Die findigen Opernleute, darunter auch der berühmte Bühnenbildner Caspar Neher, bauten in die Ruinenreste der stehen gebliebenen Opernbühne eine neue kleine Oper ein. Hamburger Musikfreunde nannten die kleine Oper auf der alten

Opernbühne das „Bomben-Operchen". Auf dieser kleinen Opernbühne entstanden viele interessante Inszenierungen, die aber nur wenige Opernfreunde sehen konnten. Nur ein paar Hundert Zuschauer fanden Platz in der Opernruine.

Erika zum Beispiel gelingt es nur einmal, Karten zu bekommen. Opernfreunde stehen stundenlang in einer langen Schlange vor einer kleinen Kassen-Bretterbude neben der Schwan-Apotheke, die es heute noch gibt.
Ein Höhepunkt der Hamburger Theaterkultur aber ist die Aufführung „Draußen vor der Tür" von Wolfgang Borchert in den Kammerspielen, damals unter der Intendanz von Ida Ehre.
Das will ich gerne sehen, weil ich glaube, das Stück hat vielleicht auch etwas mit meiner Kriegsvergangenheit zu tun.
Erika lehnt den Besuch der Kammerspiele in der Hartungstraße strikt ab. Sie hat sich von einer Freundin, die auch ihren Mann in Russland verloren hat, den Inhalt erzählen lassen. Als ich ihrer Ablehnung vehement widerspreche, fängt sie an zu weinen. Es überrascht mich sehr, dass so eine feine Lady auch weinen kann. Jetzt erst erfahre ich, dass sie sich 1943 hat überreden lassen, einer Ferntrauung zuzustimmen.

Eine Ferntrauung wurde wie folgt arrangiert:
In der Heimat musste die Braut vor einem Standesbeamten erklären, dass sie bereit war, den Wehrmachtsangehörigen Unteroffizier Soundso zu ehelichen. Dasselbe musste auch der Unteroffizier seinem Kommandeur erklären. Dann wurde ein „Eheschließungstermin" schriftlich über die Feldpost vereinbart, zu dem sich der Unteroffizier im Gefechtsstand seines Regiments an der Front und die Braut in ihrem Standesamt versammelten.
Vorher war in einem komplizierten Verfahren zwischen der zuständigen Fernmeldekompanie an der Front und der Reichspost im Heimatort ein auf die Minute genauer Termin festgelegt worden.

Präzise zur vereinbarten Minute wurden alle Durchgangsleitungen freigeschaltet. Jetzt versicherten sich der Regimentskommandeur und der Standesbeamte gegenseitig, dass sie sich gut verstehen könnten.

Dann las der Standesbeamte den üblichen Text vor, und die Brautleute sagten Ja, der Bräutigam ins Feldtelefon, die Braut in die Fernsprechmuschel im Standesamt. Hinterher kamen noch ein paar persönliche Worte. Alle Techniker und Telefonbeamten von Hamburg bis in die Ukraine hörten mit und feixten wahrscheinlich über die liebevollen Worte, die sich das neue Ehepaar sagte, oft über Tausende von Kilometern hinweg. Eigentlich müsste man sagen: zurief.

Aber diese Prozedur war kein Triumph der Zivilisation, sondern nur ein Triumph der Fernmeldetechnik. So sahen das auch die Beteiligten. Die Brautleute fragte niemand nach ihren Gefühlen.

Zwei Wochen nach dieser unmenschlichen Prozedur war Erikas Mann in Russland gefallen. Von seinem Kompanieführer bekam sie einen mitfühlenden Brief und vom Wehrmachtsversorgungsamt in Berlin als Kriegerwitwe einen Rentenbescheid.

Sie ist also eine Ehefrau, ohne je eine Ehefrau gewesen zu sein. Davon hat sie mir vorher nie etwas gesagt.

Ich bin sehr verwirrt und berührt und sehe mir das Theaterstück von Wolfgang Borchert nicht an.

Unser Verhältnis ändert sich. Wir gehen nach wie vor ins Theater, aber eine Bedrückung hat sich zwischen uns geschlichen. Ich habe das Gefühl, gleich würde die russische Front mit all ihrem Lärm, ihrem Gestank, dem Schreien der Verwundeten und dem Brüllen sinnloser Kommandos wieder da sein.

Ich begreife, was das für viele bedeutet: Nachkrieg! Das heißt Aufhören, mal muss Schluss sein, endlich.

Jetzt ist es zu Ende, natürlich. Aber wie unendlich viel ist zu Ende, das doch nie zu Ende ist und auch nicht zu Ende sein kann.

Ich sitze ein paar Mal im Theater schweigend neben Erika. Was auf der Bühne geschieht und geredet wird, erreicht mich nicht. Eines Abends gibt es eine Stromsperre in den Kammerspielen. Wir warten stumm in der Dunkelheit.

Dann leuchtet das Bühnenlicht wieder auf. Ich sehe auf die Uhr. Es ist sehr spät, wahrscheinlich zu spät, mein Zug ist weg.

Es scheint selbstverständlich zu sein, dass Erika mir anbietet, bei ihr zu schlafen. Sie hätte ein zweites Bett für ihre Besucher, und darauf könne ich schlafen.

Wir gehen zu Fuß, etwa eine halbe Stunde, ohne ein Wort zu sprechen.

Erikas Zimmer liegt in einer alten Villa im ersten Stock. Das Zimmer ist relativ groß. Es gibt einen riesigen Kleiderschank mit einem großen Esstisch davor. Neben dem Fenster ein kleines Bord mit Lebensmitteln. Obendrauf ein elektrischer Kochherd. Im Hintergrund des Zimmers steht ein großes Bett und gegenüber, an der anderen Wand, ein breites Sofa.

Erika zeigt mir auf dem Flur die Toilette. Ein Badezimmer habe sie nicht, aber im Klo gebe es ein großes Waschbecken. Die Seife und das Handtuch links gehörten ihr. Ich könnte sie benutzen.

Ein Pyjama habe sie leider nicht für mich. Ich müsste in der Unterwäsche schlafen. Aber das störe mich ja wohl nicht. Zum ersten Mal an diesem Abend lächelt sie ein ganz klein wenig.

Als ich in meinem Turnhemd, das ich als Unterhemd benutze, zurückkomme, hat sie das Sofa zum Schlafen hergerichtet. Es gibt ein Bettlaken, ein Sofakissen als Kopfkissen und eine Wolldecke, offenbar vom Roten Kreuz.

Bevor sie ins Bad, das heißt in ihre Toilette geht, macht sie das Licht aus. Es ist plötzlich stockdunkel, denn einen romantischen Schimmer von den Straßenlaternen gibt es nicht. Und den großstädtischen Lichterteppich vor dem Fenster, wie in Friedenszeiten, auch nicht. Vom Mond keine Spur. Es ist stockfinster.

Eine Liebe ohne Ende

Ich bin schon beinahe eingeschlafen, als Erika wiederkommt. Sie sagt mir ein freundliches „Gute Nacht" und steigt in ihr Bett.

Ich fühle, dass jetzt die Zeit für eine Aussprache gekommen ist. Jetzt muss ich diese Frau, die ihren liebsten Menschen durch den schrecklichen Krieg verloren hat, trösten und sie aus ihrer Trauer lösen. Ich weiß nur nicht wie.

Ich liege da und rühre mich nicht. Ich höre sie atmen. Ich glaube sogar, sie weint.

Plötzlich, ich weiß gar nicht wie, sagt es aus mir heraus: „Erika, es tut mir so unendlich leid – und ich weiß nicht, wie ich dir helfen kann."

Wieder ist es still, aber gelegentlich höre ich ihr Schluchzen klarer. Ich weiß nicht, was ich machen soll. Einerseits ist es mir peinlich, diese Frau in ihrem Schmerz zu sehen, andererseits fällt mir nicht ein, wie ich ihr helfen kann.

Plötzlich raschelt es. Ich höre, wie sie aufsteht, durch das Zimmer geht, an mein Sofa kommt, zu mir unter meine Wolldecke kriecht und ihre Arme um mich schlingt.

Es ist eine unendlich liebevolle, auch verzweifelte Gebärde, mit der sie sich neben mich legt, praktisch Halt an mir sucht, den ich ihr offenbar geben kann.

Wir umfangen uns wie ein Paar, das sich vor dem Ertrinken retten will.

Ich halte die weinende Erika fest in meinem Arm.

Ich schlafe ein.

Abrupt wache ich auf. Ich friere. Erika ist nicht mehr da. Es ist schon hell.

Auf dem Tisch liegt ein Zettel. Erika schreibt, sie sei schon fortgegangen und wir würden uns im Büro treffen. Ich könne mir einen Tee machen. Der Tauchsieder stünde auf dem Fensterbrett.

Ich habe Kopfschmerzen und gehe nur langsam ins Büro. Die Erinnerung an die letzte Nacht bremst meinen Schritt.

Im Büro ist alles wie immer, gedankenloses Guten Morgen, Zettel und Akten auf allen Tischen. Dahinter mürrische Kollegen und freundliche, aufgeräumte Engländer.

Erika ist noch nicht da.

Sie kommt auch nicht. Abends fahre ich nach Hause, ohne etwas von ihr gehört zu haben. Es ist schrecklich.

Sie kommt auch in den nächsten Tagen nicht. Niemand weiß etwas von ihr. In der nächsten Woche kommt eine alte Dame. Sie will die Miete von Erika kassieren, die sie noch nicht bezahlt hat. Verärgert zieht sie wieder ab, als sie erfährt, dass Erika offenbar verschwunden ist.

Auch ich bin irritiert und verzweifelt. Ich spreche mit niemandem über den letzten Abend mit Erika und ihr Verschwinden.

Als ich vier Wochen später Alfred von Erikas Verschwinden doch erzähle, reagiert er geradezu widerlich. Ich solle mich doch nicht aufregen. Erika sei nicht die Erste und werde auch nicht die Letzte sein, die nicht mehr weiterwisse und sich zum Verschwinden bringe.

Als Assistent beim Schwarzmarkt-König an der Elbe

ch habe schon längst einen neuen deutschen Arbeitgeber, denn mir ist schon früh klar, dass der Job bei der Besatzungsmacht für uns ehemalige Wehrmachtsangehörige bald ein Ende haben würde.

So sehe ich mich nach einem zivilen, zukunftsträchtigen Job um. Das machen aber inzwischen viele der bisher beim Tommy beschäftigten Hamburger, sodass offene Stellen knapp sind. Nur als Matrose auf den Fischdampfern der Heringsflotte bekommt man sofort einen Job, wird gut bezahlt, und es gibt auch gut zu essen. Aber leider, leider muss man bei jedem Wetter raus auf die Nordsee und Fische für die hungernden Deutschen fangen.

Bei dem Hamburger Bauunternehmer Herrn Grabowski, einem ehemaligen Ostpreußen, bekomme ich meinen ersten Job, als Lastwagenfahrer. Ich hatte in Reims bei der US-Army Lastwagenfahren gelernt, einfach so, aus Spaß. Ich gehörte zu den wenigen deutschen Kriegsgefangenen, die einen großen, schweren Sattelschlepper ohne Probleme rückwärts über den ganzen Platz fahren konnten. Das hatte mir große Anerkennung und Schulterklopfen bei den Amerikanern eingebracht.

Groß ist meine Enttäuschung, als ich jetzt den deutschen „Sattelschlepper" sehe. Es ist ein klapperiger Büssing-5-Tonner der Wehrmacht, der sicher schon einmal fast bis zum Ural gefahren und als einer der wenigen wieder zurückgekommen ist. Ich will kneifen und wieder zurück an meinen warmen Schreibtisch bei der 209ten. Aber Grabowski lässt nicht locker. Auch meine Ausrede, ich hätte gar keinen deutschen Führerschein, lässt er nicht gelten.

Ich muss mit der Klapperkiste nach Ratzeburg zur Führerscheinprüfung fahren. Ratzeburg ist zuständig, weil ich in Aumühle polizeilich gemeldet bin. Der Prüfer, ein älterer, bulliger Mann, stolz, dass er früher einmal Fahrmeister bei einer Infanterie-Division (mot.) gewesen war, guckt sich meinen amerikanischen Truppenführerschein misstrauisch an. Es ist ja immerhin ein Führerschein des Feindes, pardon, des ehemaligen Feindes.

Als Assistent beim Schwarzmarkt-König an der Elbe

Dann lässt er mich auf dem Hof ein paar Runden fahren und vor allen Dingen rückwärts in eine Werkstatt einparken. Es klappt natürlich perfekt, ohne das sonst übliche Gefummel vor- und rückwärts. Der Fahrmeister ist beeindruckt und sagt das fairerweise auch.

Dann gehen wir in sein Büro. Es ist ein alter Bus ohne Räder, der am Platzrand steht. Der Führerschein ist ein bläulicher Pappdeckel aus einer Art Löschpapier. Ich habe ihn leider nicht mehr. 1954 muss ich ihn gegen einen neuen aus grauem Leinen eintauschen. Den habe ich noch.

Ich fahre dann mit Grabowski ein paar Mal an den Zarrentiner See, um Reet zu holen, das die Maurer in Hamburg für den Verputz in den bombengeschädigten Häusern brauchen.

An der Zonengrenze zur Sowjetischen Besatzungszone werden wir regelmäßig von Rotarmisten angehalten, die aber immer freundlich sind, weil Grabowski ihnen mit ein paar Zigaretten aushilft.

Ich habe den Eindruck, dass es sich in der Sowjetzone etwas besser leben lässt. In Wittenburg zum Beispiel gibt es ein kleines Kaufhaus, in dem ich Geschirr, ein paar Brotbrettchen und Teelöffel kaufen kann. Immerhin. Das ist wohl auch der Grund, warum einige Hamburger immer wieder über die Zonengrenze in den Osten fahren, manche bis weit nach Brandenburg hinein, um Sachen zu holen, die sie bei ihrer Flucht zurückgelassen hatten.

Doch ganz ungefährlich ist ein Ausflug nach drüben in die Zone nicht. Es gibt Erzählungen, dass Hamburger von den Sowjets als Nazis verhaftet wurden. Sie wurden verdächtigt und einfach mitgenommen, ob sie nun Nazis waren oder nicht. Manche von ihnen sind nie wiedergekommen.

Der Winter ist nicht so kalt wie letztes Jahr. Unser Überleben ist etwas einfacher und auch besser geworden. Zwar gibt es kaum mehr Brot und Fett auf Lebensmittelkarten, und auch Textilien sind immer noch knapp, doch irgendwie haben alle das Gefühl, es geht bergauf.

Motor dieses Gefühls ist unzweifelhaft das Gerücht, es gäbe nun bald eine Währungsreform und dann auch reichlich zu essen, warme Sachen zum Anziehen und überhaupt wieder Geld zum Leben.

Höhepunkt dieses „Es-wird-alles-besser"-Gefühls ist ohne Zweifel das Sommerfest, das Herr Grabowski auf seinem Wohnschiff geben will, das unterhalb der Elbbrücken am Brandshofer Deich an einem Duckdalben vertäut liegt. Das Schiff ist nur zu erreichen, wenn man über einen halb untergegangenen Elbkahn klettert, der direkt am Kai liegt und als Brücke zu Grabowski dient.
Im Laderaum des Wracks schwappt das Elbwasser hin und her, wenn eine Barkasse oder ein Schlepper vorbeifährt und sich die Schiffe auf den Wellen zu wiegen beginnen.

Für mich ist der Ort des Sommerfestes nichts Besonderes. Ich klettere inzwischen oft auf dem maroden Wohnschiff hin und her, denn Grabowski hat mich befördert. Ich bin nun nicht mehr sein Lastwagenfahrer, sondern sein Assistent, sozusagen.
Er hat nämlich herausgefunden, dass ich als Gymnasiast für die Arbeit als Lastwagenfahrer zu schade bin, und macht mich zu etwas Höherem, zu seiner rechten Hand nämlich.
Mein Nachfolger als Lastwagenfahrer ist ein grobschlächtiger Lette mit einem vom Krieg zernarbten Gesicht. Er ist ein netter Mann, der den großen, schweren Lastwagen wie einen Traktor fährt. Aber für den Transport von Reet reicht es allemal.
Er ist freundlich, immer hilfsbereit und eine Seele von Mensch, wie man so sagt. Zwei Jahre hat er bei einem Bauern in den Vierlanden gearbeitet, wurde aber vor ein paar Monaten rausgeschmissen, weil er der Bauersfrau angeblich unsittliche Anträge gemacht hatte.

Für mich ist die Beförderung zu Grabowskis rechter Hand keine schöne Sache, denn ich begreife sehr schnell, dass er vom Schaalsee nicht nur Reet für die Maurer holt, sondern auch stabile Säcke, in denen Flaschen verpackt sind. Der Inhalt ist eine glasklare Flüssig-

Als Assistent beim Schwarzmarkt-König an der Elbe

keit, die aussieht wie Wasser, und das ist es auch. Die Russen nennen dieses Wasser Wodka, die Deutschen übrigens auch.

Die Säcke werden in Zarrentin unter der Reet-Ladung verstaut, und ab geht die Fuhre nach Hamburg, so schnell es die alte Klapperkiste schafft.

Bei den Rotarmisten an der Zonengrenze gibt es nie Probleme. Grabowski sorgt dafür, dass der Aufenthalt an der Grenzstation in Horst immer sehr kurz bleibt. Eine Stunde später parkt dann der Laster am Elbkai neben Grabowskis Wohnschiff und bleibt dort stehen, bis es dunkel wird. Dann kommen aus dem Trümmerfeld des Stadtteils Hammerbrook gegenüber ein paar Arbeiter, die aussehen wie Verbrecher und es wohl auch ein bisschen sind. Sie laden die Säcke ab und bringen sie, über den halb im Wasser liegenden Elbkahn balancierend, auf das Grabowski'sche Wohnschiff.

In einem Verschlag im Vorschiff, hinter großen Bündeln von Reet, werden die Flaschen aus den Säcken geholt und auf Regale gestapelt, die Grabowski selbst gebaut hat.

Ich muss dabei nicht helfen, ich brauche keine Säcke über das glitschige Deck des Elbkahns zu balancieren.

Ich bin schließlich die rechte Hand des Chefs und etwas Besseres als die armen Hunde aus dem zerbombten Hammerbrook. Die bekommen nämlich pro Arbeitseinsatz nur ein Brot (also etwa 70 Reichsmark), das sie sich teilen müssen. Wodka bekommen sie nie.

Deswegen müssen sie immer Wodka klauen, wenn sie mal Durst haben oder Ebbe in ihrer Kasse ist. Das geht aber nur, wenn ich mich bei Grabowskis Lagerverwaltung um ein oder zwei Flaschen verzähle. Denn ich bin jetzt der Wodka-Buchhalter. Auf einer Liste notiere ich alle angelieferten Flaschen, sortiere sie auf die Regale, und immer, wenn Grabowski ruft, schleppe ich einen Karton voll mit Wodkaflaschen in sein Büro. Dort stehen dann die Abnehmer, die Schwarzmarkt-Einzelhändler. Es sind Kleinstganoven, die oft so aussehen, als kämen sie frisch aus der „Dreigroschenoper".

Flaschen und Geldbündel wechseln die Besitzer. Grabowski verwahrt dann sein frisch angewachsenes Vermögen in einem kleinen Stahlschrank neben seinem Bett, einer Art Kissenburg, in der hin und wieder auch einmal eine Begleiterin der letzten Nacht ausschläft.

Die Besonderheit des kleinen Stahlschranks ist die Beschriftung an der Tür. Da steht nämlich in großen Buchstaben das Kürzel „GKdos". Bei einer Schnapsprobe erzählt mir Grabowski, dass dieses Kürzel im Krieg „Geheime Kommandosache" hieß. Nur Generäle durften diese Schränkchen öffnen. Jedes Armee-Korps hatte angeblich nur einen dieser Stahlschränke, und ihn jetzt zu besitzen sei etwas Besonderes, erklärt Grabowski stolz.

Den Schlüssel dafür trägt er an einer kleinen Halskette, die er nie ablegt. Hin und wieder steht die Tür offen, und ich kann die vielen Geldbündel sehen, die da fein säuberlich gestapelt oder zusammengebunden aufbewahrt werden. Grabowski schmunzelt, als er bemerkt, mit welch großen Augen ich die Schätze des untergegangenen Dritten Reiches anstarre.

Als ich die Buchhalterei übernahm, war das Schränkchen bereits ziemlich voll, und kurz vor Ostern läuft es beinahe über. Also wird ein neuer Geldschrank besorgt, diesmal aus Holz. Es war früher einmal die Transportkiste für einen „Elektrolux-Staubsauger". Das steht jedenfalls auf der Stirnseite der Kiste, und an der Seite kann man deutlich lesen: „SA-Sturm 623–Elsastraße 5".

Gefüllt ist die Kiste mit alten Formularen, Mitgliedsausweisen, leeren Quittungsblöcken, Aufnahmeanträgen, Schulungsheften und endlosen Adresslisten.

„Bloß weg mit dem Schrott", ist Grabowskis Reaktion, als ich die Kiste aufbreche. Dem Feuer in unserem kleinen Eisenofen übergeben wir die Reste der unseligen Epoche. Und ich helfe ihm dabei, ohne zu ahnen, welchen Schatz wir dort verbrennen. Die Entnazifizierungskommission Hamburg-Barmbek hätte sich bestimmt über solche unerwartete Hilfe gefreut.

Ein Sommernachts-Albtraum

Nach Weihnachten kommt Silvester und dann Ostern und dann Pfingsten und dann der Sommer, von allen sehnlichst erwartet. Das ist immer so. Auch im Nachkrieg ist es nicht anders. Die Geschäfte ebben auch auf dem Schwarzmarkt ab, und alle bereiten sich auf den Sommer vor.
Grabowski plant ein großes Mai-Fest. Er will mit diesem Fest seiner Clique ein deutliches Signal geben: Bessere Zeiten werden erwartet, im Sommer 1948, bestimmt, und endlich.

Einen Tag vor dem Fest bringt der Laster nicht nur Reet aus der „Zone", sondern auch zwei Säcke Kartoffeln und einen großen, schweren Beutel. Es ist wieder mal ein grob gemusterter Kissenbezug, diesmal gefüllt mit dicken Bockwürsten.

Es kommen etwa 20 Gäste, alles ziemliche Boofkes, Schwarzmarkthändler, unangenehme Menschen, eben Geschäftsfreunde von Grabowski. Sie sehen so aus, als würden sie sich nicht schämen, einer halb verhungerten Mutter noch sechs Zigaretten für einen halben Liter Milch abzunehmen.

Mittelpunkt der Party ist ein dicklicher, kurzatmiger Maurer, wohl der Hauptkunde von Grabowski. Er trinkt Wodka aus der Flasche. Ein Glas, das ich ihm anbiete, schlägt er mir aus der Hand. „Jüngelchen", blafft er mich an und stößt mich weg.
Die einzige nette Person ist eine ältere Frau, eine ehemalige Krankenschwester. Sie steht in der Kombüse, in einer Art Kochnische. Sie soll für die Gäste Kartoffeln schälen, dann heißes Wasser für die Würste machen und hinterher den Abwasch. Sie heißt Erna. Schon bald, so gegen zehn Uhr, die Sonne geht gerade unter, ist die ganze Gesellschaft ziemlich betrunken. Nein, das stimmt nicht. Alle sind total besoffen. Männer und Frauen versuchen nach der Radiomusik zu tanzen, torkeln durch die Kajüte, grölen Nazi-Lieder, kotzen ins Klo, wenn sie es bis dahin noch schaffen, und sind besinnungslos vor Glück in dieser Sommernacht.
Carpe diem.

Ein Sommernachts-Albtraum

Der Maurermeister kann nicht mehr stehen und fällt, eine Zigarre in der Hand, auf Grabowskis Bett. Mühsam zieht er seine Stiefel nach. Grabowski, auf unsicheren Füßen, bringt ihm eine von den dicken Bockwürsten. „Damit du wieder nüchtern wirst", grunzt er seinen Freund an und schiebt ihm eine Wurst in den Mund. Der will sie aber so nicht essen. „Hau ab", rülpst er Grabowski an. „Ohne Senf schmeckt das doch nicht".

„Senf!", brüllt er und lässt sich schnaufend in die Kissen fallen.

Grabowski findet es nicht schön, dass der Maurer mit Stiefeln in seinem Bett liegt und nun auch noch die Asche der Zigarre auf das Kopfkissen abklopft. Er schiebt ihm einen großen, halb gefüllten Aschenbecher rüber, ein edles Keramikstück aus Bunzlau. Der Maurer lässt seine Wodkaflasche fallen, langt nach dem Aschenbecher und stippt seine Wurst in die Zigarettenasche. „Na also", murmelt er, leckt die Asche als den vermeintlichen Senf ab, beißt in die Wurst und lehnt sich mit lautem „Ah, Senf!" zurück. Grabowski ist überrascht. Er überlegt, was er machen soll, und macht dann gar nichts. Er amüsiert sich.

Vor jedem neuen Biss stippt der Maurer die Wurst in die Asche, nicht ohne vorher die Kippen beiseitegeschoben zu haben.

Die Tänzer bleiben torkelnd stehen, gucken überrascht, lachen und feuern den Dicken an, weiterzuessen.

Halb wach nimmt der Maurer die Anfeuerung wahr und winkt mit der angebissenen Wurst in die Menge, stippt sie in den Aschenbecher, beißt noch einmal ab, fällt in die Kissen und kaut im Liegen weiter. Der Sabber läuft ihm aus dem Mund.

Mir wird schlecht.

Das Klo ist besetzt.

Ich schleiche in die Kombüse zu Schwester Erna und setze mich auf den Hocker neben den Wursttopf. Im heißen, fettigen Wasser schwimmen die noch übrig gebliebenen Würste.

Durch die offene Tür höre ich die Feiernden lauter und lauter grölen. Ein Stakkato entwickelt sich: „Senf – Senf – Senf", röhrt die Meute.

Schwester Erna gibt mir ein Stück trockenes Brot und geht an die Tür. Sie will wohl das Senf-Schauspiel aus der Nähe beobachten. Ich kann das trockene Brot nicht hinunterwürgen. Ich tappe durch die Kombüse, um mir aus einem Blecheimer einen Schluck Wasser zu holen.

Da sehe ich, wie Schwester Erna auf dem Bett neben dem Maurer kniet und ihn schüttelt. Offenbar ist der Mann bewusstlos. Er bewegt sich nicht mehr. Wieder und wieder schüttelt sie ihn. Dann schreit sie ihn an: „He, Sie! Aufwachen! Los! Aufwachen!", und ohrfeigt ihn.

Der Mann bewegt sich nicht.

Die Menge hat aufgehört zu grölen. Es ist gespenstisch still. Nur das Radio quakt einen Schlager aus der Vorkriegszeit: „Wenn der weiße Flieder wieder blüht".

Die Schwester steht auf. Energisch kommandiert sie: „Der Mann hat wahrscheinlich eine schwere Nikotinvergiftung. Er muss sofort ins Krankenhaus. Wo ist das Telefon? Wir müssen einen Krankenwagen bestellen!"

Grabowski lacht und zuckt die Achseln. „Hier gibt's kein Telefon. Und Krankenwagen auch nicht. Den da müssen Sie selber ins Krankenhaus schaffen – wenn überhaupt!"

Betretenes Schweigen. Anscheinend sind alle schlagartig nüchtern geworden.

Grabowski wird zum Chef und kommandiert jetzt laut: „Du, Gerhard, fährst ihn mit deiner Karre. Los. Die Schwester fährt mit."

„Du auch", sagt er zu mir. „Ein Anständiger muss dabei sein, sonst nehmen sie ihn da nicht."

Mit Mühe bekommen wir den dicken Mann aus dem Bett hoch. Gerhard und ich schleifen den Bewusstlosen die steile Bordtreppe hoch, über das taufeuchte Deck, außenbords runter auf den Elbkahn, über ein paar Bretter hinüber auf die andere Seite des Kahns und eine Eisenleiter hinauf auf den Kai. Hin und wieder wacht der Bewusstlose auf, hält sich irgendwie an einem Geländer fest oder auch an uns und sackt wieder zusammen.

Oben, auf dem Kai, steht nur ein Auto. Eigentlich ist es nicht das, was man unter einem Auto versteht. Es ist ein dreirädriger Lieferwagen mit einer schmalen Sitzbank in einem winzigen Fahrerhaus. Ein Steuerrad gibt es nicht. Nur eine Art stabilen Fahrradlenker. Damit wird gesteuert. Wie beim Motorrad. Die Ladeplatte ist nicht viel größer als ein Küchentisch.

Unser massiger Patient passt natürlich nicht auf die Sitzbank neben den Fahrer. Er ist viel zu dick. Schließlich schaffen wir es, ihn zu dritt auf die Ladefläche zu hieven.

Da liegt ein Reserverad. Ich schiebe es dem Dicken als Kopfkissen unter seinen Nacken und hocke mich neben ihn. Mit Glupsch-augen sieht er mich an. Aber er sieht mich gar nicht an. Er sieht durch mich hindurch, irgendwo in den Himmel.

Gerhard klappt die dreieckige Motorhaube hoch, nimmt eine Kurbel aus dem Motorraum und fängt an, mit der Kurbel den Motor anzuschmeißen. Schon nach dem zweiten Versuch springt er an, laut knatternd zwar, aber er läuft. Es hört sich an wie ein Motorrad. Gerhard packt die Kurbel wieder ein, klappt die Haube zu und klemmt sich auf das kleine Sitzbänkchen im Führerhaus. Schwester Erna macht sich noch dünner, als sie schon ist, und drückt sich an seine Seite.

Sehr langsam nimmt unsere Dreiradkutsche Fahrt auf. Offenbar hat diese Karre nur zwei Gänge oder kann nicht schneller fahren, obwohl Gerhard sicher Vollgas gibt. Im zügigen Schritttempo geht es den Heidenkampsweg entlang Richtung St. Georg-Krankenhaus. An dem kleinen Berg unter der S-Bahn am Berliner Tor bleibt die Kutsche stehen. Der Berg ist wohl zu steil. Erna und ich müssen aussteigen und schieben. Langsam, sehr langsam, weniger als Schritttempo und trotz Vollgas kommen wir mühevoll nach oben auf die Bürgerweide, die Straße zum Krankenhaus in St. Georg.

Der Pförtner lässt uns nicht hinein. Zufahrt nur für Krankenwa-gen und die Feuerwehr. Für Privatwagen ist hier alles verboten.

Erna sucht nach ihrem alten Dienstausweis. Sie findet ihn in ihrer Handtasche. Er hat zwar noch einen dicken Hakenkreuz-Stempel auf der Vorderseite, aber der Pförtner lässt sie jetzt passieren.

Gerhard, der Fahrer, kann nicht mehr. Langsam sinkt sein Kopf vor Müdigkeit und Erschöpfung auf den Lenker. Er schläft.
Ich bin auch groggy und setze mich auf die Ladefläche neben die Nikotin- und Schnapsleiche. Der Maurer sieht mit offenen Augen durch mich hindurch in den trüben Morgenhimmel.

Mir fällt Heiner ein, der MG-Schütze aus der Stellung in den Pripjet-Sümpfen. Er hatte während eines Feuerwechsels mit den Russen einen Streifschuss am Hals abbekommen. Das Blut floss in kleinen Stößen aus seinem Schal, den er sich wegen der Kälte umgebunden hatte. Er war schon nach wenigen Minuten bewusstlos. Unteroffizier Schütt kroch zu uns heran und meinte, der Schal sei idcal, die blutende Wunde zum Stillstand zu bringen.
Wir haben ihn dann auf einer Zeltplane nach hinten durch die Stellung geschleift und weiter zum Verbandsplatz. Ich weiß nicht, ob er Schmerzen hatte. Er gab keinen Laut von sich.
Es war wenig los an diesem Tag an der Front. Es kam sofort ein Arzt. Wir legten Heiner auf eine Trage. Er sollte gleich operiert werden. Ich blieb neben der Trage stehen, um zu sehen, wie es weiterging mit ihm. Aber es ging gar nicht weiter. Heiner sah mich mit großen, merkwürdig gläsernen Augen an, durch mich hindurch, irgendwo in den grauen Himmel. Er sagte nichts mehr, bewegte sich auch nicht mehr.
Dann kam der Arzt mit zwei Schwestern zurück. Er fühlte seinen Puls und sagte wenig aufgeregt und geschäftsmäßig: „Exitus."
Dann ging er wieder. Die Schwestern gingen eilig mit.

Und jetzt, drei Jahre später, liegt ein dicker Saufkopp vor mir auf der Ladefläche eines klapprigen Lieferwagens und sieht mich an, mit Heiners Augen.

Und wieder kommt ein Arzt, diesmal nur mit einer Schwester. Auch er nimmt den Arm des Bewusstlosen, fühlt seinen Puls und sagte geschäftsmäßig: „Exitus." Dann geht er wieder. Die Schwester geht eilig mit.

Ich stehe neben dem Wagen. Ich weiß nicht, was ich machen soll. Erna kommt zurück. Sie hat erreicht, dass wir mit dem Dreirad und seiner Ladung auf das Krankenhausgelände fahren dürfen. Jetzt, als Toter, darf der Maurer endlich ins Krankenhaus.

Ich gehe zu Fuß durch das Trümmerfeld zur S-Bahn-Station. Es ist schon etwas hell geworden. Mir fällt zum ersten Mal auf, dass in vielen Ruinen die Treppenhäuser noch stehen. Es scheint, als ob sie das Rückgrat der toten Häuser sind.

Ich fahre nach Hause, wieder nach Aumühle. Das Kapitel Grabowski ist für mich erledigt. Ich wundere mich, dass ich dort überhaupt angefangen habe und dass ich mich von Reichsmark, Zigaretten und Schnaps habe korrumpieren lassen. Aber wenn Hunger und Moral gegeneinander antreten, ist die Moral wohl immer unterlegen.

Die Party ist over,
die D-Mark
kommt!

Ein Sommernachts-Albtraum

Epilog

Kurze Zeit später, quasi über Nacht, kam die Währungsreform. Das ganze Geldsystem wurde barbarisch zusammengekürzt, und plötzlich war eine Mark wieder so viel wert wie eine Mark. Eins zu zehn war der Kurs der neuen Währung, die Deutsche Mark hieß.

Der Schwarzmarkt bricht in wenigen Stunden zusammen. Die Schachtel Zigaretten, die ich für Notfälle in meiner Schreibtischschublade aufbewahrt habe, ist plötzlich nicht mehr 120 Reichsmark wert, sondern nur noch 2,20 D-Mark. Riesige Schwarzmarkt-Vermögen lösen sich in Luft auf, denn Reichsmark kann man nur in einem kleinen, sehr begrenzten Umfang in D-Mark umtauschen.

Ein paar clevere Gauner haben ihre Bündel und Säcke voller Reichsmark in Gold und Schmuckstücke eingetauscht. Viele haben ihre Reichsmarkbestände in Immobilien angelegt und besitzen nun plötzlich große Grundstücke, die sie fast zum Nulltarif bekommen haben. Zwar müssen sie später dafür eine Ausgleichsabgabe bezahlen, aber das sind, gemessen am Wert der Grundstücke, wirklich Peanuts.

Selbst die Engländer können ihr Reichsmarkvermögen nicht mehr in die D-Mark Zeit hinüberretten, denn der Wechselkurs vom englischen Pfund zum neuen deutschen Geld ist auch für sie plötzlich normal, das heißt schier unerschwinglich. Kleinere Dienstleistungen wie Taxifahrten oder Briefmarken sind für sie über Nacht teuer geworden, teurer als in England. So kostet eine Putzhilfe nicht mehr zwei Zigaretten die Stunde, sondern fünf D-Mark. Und der Taxifahrer verlangt nicht mehr zwei Zigaretten, sondern 3,50 Mark für eine Fahrt zum Bahnhof, also nicht mehr zwei Zigaretten, sondern fast zwei Päckchen.

Ich war glücklich. Ich hatte den Krieg überlebt und durchgestanden. Für mein Gehalt konnte ich mir nun jeden Monat 5600 Brötchen kaufen oder 280 Tafeln Schokolade oder sogar drei Kisten Champagner – Entschuldigung, natürlich Sekt der Marke „Henkell trocken". Für Champagner reichte mein Gehalt beim Ausbruch der Währungsreform dann doch noch nicht.

20. Juni 1948: Die
D-Mark-Schlange
vor dem Tor zur
Glückseligkeit.

Bildnachweis/Impressum

Titelbild: Hintergrund fotolia, Schriftzug Nina Schwenke.
Archiv Werner Grassmann: S. 12, 15, 26, 33, 46, 58, 68, 69, 78,
84, 85, 89, 100, 101, 106, 114, 130, 134 u., 138, 165, 187; Bun-
desarchiv Potsdam: S. 126 o. (Ernst Schwahn), 126 u. li., 126 u.
re., 127 (Eva Kemlein); Kulturbehörde Hamburg: S. 66, 87, 95,
102, 107, 108, 164; Nina Schwenke, Montage: S. 150; Museum
der Arbeit, P. Sackarndt: S. 135 o./u.; Süddeutsche Zeitung
Photo/SZ Photo: S. 49; picture-alliance / dpa: S. 23; picture-
alliance / dpa / dpd: S. 159; picture-alliance / akg-images: S. 52,
94; ullstein bild: S. 134 o.; Hamburger Wasserwerke: S. 62.

Bibliografische Information der Deutschen Nationalbibliothek
Die Deutsche Nationalbibliothek verzeichnet diese Publikation
in der Deutschen Nationalbibliografie; detaillierte bibliografische
Daten sind im Internet über http://dnb.d-nb.de abrufbar.

ISBN 978-3-8319-0584-3

© Ellert & Richter Verlag GmbH, Hamburg 2014

Text und Bildlegenden: Werner Grassmann, Hamburg
Redaktion: Sophie Torp, Hamburg
Gestaltung: BrücknerAping Büro für Gestaltung GbR, Bremen
Lithografie: Griebel-Repro, Hamburg
Gesamtherstellung: DZA Druckerei zu Altenburg GmbH

www.ellert-richter.de